Prólogo po

ESPIRITUAL

CONECTADO

Cómo usar y entender las redes sociales

con sabiduría bíblica

JOSUÉ BARRIOS

B&H
ESPAÑOL
NASHVILLE, TN

Espiritual y conectado: Cómo usar y entender las redes sociales con sabiduría bíblica

Copyright © 2022 por Josué Barrios
Todos los derechos reservados.
Derechos internacionales registrados.

B&H Publishing Group
Nashville, TN 37234

Diseño de portada: Spencer Fuller, FaceOut Studios.
Imagen: Bohdan Populov/Shutterstock

Director editorial: Giancarlo Montemayor
Editor de proyectos: Joel Rosario
Coordinadora de proyectos: Cristina O'Shee

Clasificación Decimal Dewey: 248.84
Clasifíquese: VIDA ESPIRITUAL / REDES SOCIALES

ISBN: 978-1-0877-4821-4

Impreso en EE. UU.
1 2 3 4 5 * 25 24 23 22

Para Arianny,
Mi mejor mitad

ÍNDICE

PRÓLOGO

Espiritual y conectado

PARA LOS QUE tenemos cierta edad, la sensación que produce la aceleración tecnológica no puede ser otra que el desconcierto. Recuerdo de niño cierto encanto con la ciencia ficción. En ese entonces la idea de que un ser humano pusiera pie en la luna parecía tan irreal como un cuento de hadas. Las computadoras existían, por supuesto, pero eran artilugios enormes que solo poseían las grandes instituciones científicas. La idea de que algún día estuviera sentado en mi escritorio escribiendo esto con mi propia computadora personal me hubiera parecido fantasioso.

Dije que a veces estos cambios producen una sensación de desconcierto. Sin embargo, admito que en la vida diaria me he adaptado a llevar mi comunicador estilo *Viaje a las Estrellas* en mi bolsillo y a responder cada vez que el Capitán Kirk de la nave Enterprise deja un comunicado en Twitter. Bueno, en realidad, trato de evitar al Twitter y nunca respondí a ningún Tweet de William Shatner, el actor que interpretó al Capitán Kirk. Pero, podría hacerlo si quisiera.

A pesar del asombro que nos puede producir el paso acelerado de los cambios tecnológicos de las últimas décadas, debemos entender que los medios de comunicación virtual son casi tan antiguos como nuestra raza humana. La capacidad de transmitir ideas por medio de imágenes o palabras es parte de lo que nos separa de los animales. En realidad, es un aspecto de la imagen de Dios en nosotros.

Cerca de la ciudad de Córdoba—donde vivo en Argentina—se encuentran unas pictografías dejadas por los habitantes originarios. Representan animales y la naturaleza en general. Para los expertos, hablan de sus creencias religiosas y su forma de ver el mundo. Las más antiguas datan del siglo v. Nos cuesta imaginar su estilo de vida, pero por medio de estos dibujos sus voces humanas resuenan hasta nuestros días.

Esta capacidad humana de dejar un mensaje de una generación a otra es la base de toda cultura. Y la base de nuestra fe histórica como cristianos. Que no nos quepa duda, las tecnologías de comunicación figuran entre las providencias de Dios para nuestra salvación. La Biblia, pasada a nosotros por cuidadosos escribas que trabajaban en papiro y vitela, nos llega por un proceso generacional salvaguardado por el mismo Espíritu de Dios.

Lamentablemente, en nuestra condición caída, somos capaces de pervertir hasta los mejores dones de Dios. La prensa de Gutenberg produjo la expansión masiva de la lectura de la palabra de Dios. Sin embargo, a poco tiempo, la naciente industria de la impresión producía libros pornográficos, ateos, y hasta de rituales satánicos.

El siglo xx no solo nos dio el internet, sino que antes la radio y la televisión. Las familias cristianas se dieron cuenta enseguida de que estos medios podían ser de bendición, pero fácilmente se escapaban de nuestro control y transformaban la vida del hogar. El internet siempre tuvo este potencial negativo, pero se multiplicó con la llegada del Smartphone, las redes sociales, y la tentación de que cada miembro de la familia se perdiera en su propio mundo privado.

Hace ya seis décadas, Marshall McLuhan nos advirtió que el medio es el mensaje. Es decir, la tecnología se come el contenido. Ahora vivimos en peligro de que el medio se coma nuestras mentes. Nos vuelve adictos y reconfigura nuestros cerebros. Irónicamente, casi hemos perdido la capacidad de leer e interpretar textos largos. Instagram nos ha hecho volver a la primitiva forma de comunicación de las pictografías.

¿Cómo hacemos para romper las cadenas de la atracción a las redes sociales? ¿Cómo recuperamos el control de nuestras mentes? Requiere más que un cambio de hábitos. Requiere un cambio de nuestras disciplinas espirituales y nuestra relación con el Señor. Este libro nos puede guiar en el proceso. Tiene la ventaja de estar escrito por un hombre joven que ha vivido siempre inmerso en esta nueva realidad de las comunicaciones. Sin embargo, a pesar de su juventud, Josué Barrios ha dedicado ya muchos años a la investigación y la meditación sobre el dilema. Este libro nos puede ayudar a bajar el volumen de la cacofonía que nos inunda y recordar las palabras de Jesús, «Dichosos los que oyen la palabra de Dios y la guardan.» (Lucas 11:28)

Samuel E. Masters
Córdoba, Argentina

INTRODUCCIÓN

Aplican términos y condiciones

«ES EL TIEMPO. #borrafacebook».[1]

Este tuit sacudió a la industria de la tecnología y acaparó titulares en medios especializados. Tales palabras no fueron publicadas por un simple aficionado a la tecnología o seguidor de teorías de conspiración. Tampoco por un periodista preocupado. Las publicó el fundador de WhatsApp —aplicación que pertenece a Facebook y que para comienzos del 2020 ya era usada por más de dos mil millones de personas— en medio de un escándalo de privacidad en el mundo de las redes sociales.[2] Todavía es apremiante hacer una pausa y considerar sus palabras. No porque signifiquen que deberíamos salir de las redes sociales, sino porque resuenan con fuerza al señalarnos lo evidente: las redes sociales tienen un lado oscuro.

Estas plataformas se usan para la manipulación masiva de cientos de millones de personas. ¿Quién puede negar que

---

1. Brian Acton (@brianacton). "It is time. #deletefacebook". *Twitter*, 28 de marzo, 2018. https://twitter.com/brianacton/status/976231995846963201.

2. "Two Billion Users -- Connecting the World Privately", *WhatsApp Blog*, 12 de febrero, 2020. https://blog.whatsapp.com/two-billion-users-connecting-the-world-privately.

en ellas la mentira corre más rápido que la verdad? Además, las personas detrás de estas plataformas ejercen un poder como nunca antes en la historia de la humanidad, al conocer tanto sobre nosotros y tener la capacidad de moldear nuestra visión del mundo. La privacidad prácticamente es inexistente en nuestra era digital. Tanto los tiranos como incontables empresas pueden usar estas plataformas para impactar qué y cómo pensamos. Y la forma en que las redes sociales capturan nuestra atención está cambiándonos de maneras profundas. Al mismo tiempo, las redes pueden separarnos de las personas más cercanas a nosotros. Pueden deprimirnos al llevarnos a la comparación constante con otras personas que publican una imagen editada de su vida, y al mostrarnos las peores cosas de este mundo. Pueden empujarnos a vivir vidas distraídas, improductivas y superficiales. La clase de vida que no quisiéramos vivir.

Nuestros hogares pueden ser testigos del impacto nocivo que tienen las redes sociales cuando somos imprudentes en ellas. Creemos todo lo que leemos allí, nos volvemos adictos al contenido que más nos gusta en esas plataformas, y nos distraen mucho más de lo que quisiéramos.[3] Considera, por

---

3. Una aclaración: Aunque he tenido el privilegio de enseñar durante años sobre la vida cristiana en nuestra era de redes sociales, no soy experto en adicciones. Busco entender cómo las redes nos cambian, cómo podemos usarlas con sabiduría y cómo debemos cultivar nuestra fe hoy. Uso mi carrera periodística y conocimientos bíblicos para eso, pero no soy un profesional médico ni consejero bíblico especializado y entrenado en abordar casos de adicción a sustancias o comportamientos y estímulos (donde creo que encaja la adicción a las redes sociales). Por lo tanto, en este libro no me enfocaré específicamente en cómo combatir la adicción a las redes sociales, aunque espero que mucho de lo que expondré pueda resultar útil a quienes batallan con esta adicción, brindando el consuelo y la esperanza del evangelio. Mi consejo principal para todo aquel que tiene una adicción a redes sociales es que busque consejería de pastores fieles en una iglesia bíblica y acuda a un especialista médico.

ejemplo, a los padres e hijos que ya no se comunican entre ellos porque prefieren tener sus ojos pegados a una pantalla, o a los familiares que dejan de hablarse porque están en desacuerdo con las cosas que publican en Internet.

Sin embargo, no todo es negativo. Sabemos que las redes sociales pueden sernos muy útiles en nuestro día a día. Nos ayudan a acceder a contenido que puede servirnos, nos brindan oportunidades para expresarnos y aportar algo útil a los demás, nos permiten estar en contacto con amigos o familiares a miles de kilómetros (algo que demostró ser invaluable en tiempos de pandemia). Es posible usar las redes incluso para salvar vidas, al difundir campañas de ayuda a necesitados o ser en ocasiones una fuente de información verdadera y valiosa en momentos de emergencia. Las redes sociales muchas veces pueden sacar a la luz lo mejor de nosotros.

Así que, cuando se trata de redes sociales, no todo es blanco y negro. Podemos decir como Charles Dickens en *Historia de dos ciudades*: «Era el mejor de los tiempos, era el peor de los tiempos, la edad de la sabiduría, y también de la locura; la época de las creencias y de la incredulidad; la era de la luz y de las tinieblas; la primavera de la esperanza y el invierno de la desesperación».[4] Por eso necesitamos sabiduría para entender y usar las redes sociales. No podemos pretender negar la realidad incluso si no las usamos, pues vivimos en un entorno que sí las usa: necesitamos ser sabios para afrontar este tiempo, y lo necesitamos cuanto antes.

Al hablar de *redes sociales* solemos referirnos a plataformas digitales y aplicaciones que permiten el intercambio de contenido y la interacción social virtual entre usuarios. Al momento

---

4. Charles Dickens, *Historia de dos ciudades* (E-artnow, 2013), loc. 37, Kindle.

de escribir este libro, podemos pensar en redes masivas como YouTube, WhatsApp, Facebook, Instagram, Twitter, Pinterest, TikTok, Snapchat y muchas más por existir o que ya no son tan relevantes como antes.

Estas plataformas son armas de doble filo en nuestras manos. Desde senadores y políticos importantes, hasta periodistas, profesores universitarios y trabajadores en Silicon Valley, son muchas las voces que están advirtiéndonos sobre los efectos tóxicos de las redes sociales en nosotros a pesar de todos sus beneficios. Documentales como *Nada es privado* (2019) y *El dilema de las redes sociales* (2020), junto a decenas de libros en otros idiomas sobre tecnología, han sido útiles para ayudar a exponer esta realidad. Ya no podemos barrer bajo la alfombra los peligros de las redes sociales.

Varios gobiernos del mundo debaten al respecto cada vez más con las empresas responsables de estas plataformas, y buscan abordar los problemas que hemos mencionado rápidamente. Veo poco probable que puedan ser resueltos con satisfacción en nuestra generación. El mundo ya cambió y hay demasiado dinero en juego. Por otro lado, mientras es bueno que como sociedad sepamos un poco más sobre estas cosas y hagamos presión para que los efectos negativos de las redes sociales sean minimizados en nuestros países, hay que preguntarnos: *¿cuál es nuestra responsabilidad individual en esto y cómo podemos usar mejor estas tecnologías?*

MÁS ALLÁ DEL MINIMALISMO DIGITAL

Una propuesta atractiva frente a esta pregunta es el *minimalismo digital*, impulsado en general por autores y pensadores como Cal Newport, Sherry Turkle, Tristan Harris, Matthew

Crawford, entre otros. Con los días, esta perspectiva se hace más popular y representa un bálsamo de razón en medio del mar de caos y ruido en nuestra era. Es una filosofía ante la tecnología que propone que debemos disminuir nuestra dependencia innecesaria de ella, reconocer sus peligros y usarla para aquello que es *realmente* útil y provechoso, si queremos cultivar mejor nuestra atención y vivir vidas más plenas. Nos dice que debemos ser intencionales y cuidadosos al usar la tecnología. Esto puede implicar, en algunos casos, no usarla del todo a menos que sea necesario. En esta línea, el minimalismo digital sugiere prácticas de sentido común que todos haríamos bien en aplicar:

- Desactiva las notificaciones innecesarias en tu teléfono.
- Vete de las redes sociales que no te ayuden a alcanzar tus objetivos en la vida.
- Sé cuidadoso con el tiempo que pasas frente a pantallas.
- No uses las redes sociales como tus principales canales para mantenerte informado.
- Prioriza las conversaciones cara a cara por encima de las aplicaciones de mensajería.
- Toma períodos de descansos para realizar actividades manuales, leer buenos libros, compartir con tu familia y disfrutar la naturaleza sin distracciones.
- Saca tu teléfono de la habitación donde duermes.
- Si puedes, desinstala tus redes sociales del teléfono y entra en ellas solo desde tu laptop o computadora en horarios específicos.
- Cuida tu mente de la influencia negativa de empresas que quieren socavar tu privacidad y hacer dinero con tu atención.

Estos consejos son útiles y necesarios. El minimalismo digital es bueno en sí mismo. Pero sin menospreciar a los impulsores de esta visión de la tecnología —con quienes tengo una deuda enorme—, el minimalismo digital resulta *insuficiente* por sí solo. Por ejemplo, nos dice que debemos cuidar nuestra atención para vivir mejor y no ser gobernados por algoritmos, pero ¿cómo podemos saber qué merece nuestra atención y qué es la buena vida? ¿Cuál debe ser nuestra principal meta al usar bien la tecnología? ¿Por qué somos seres que pueden usar la tecnología para bien o para mal?

Sería injusto rechazar el minimalismo digital debido a esto porque nunca fue su intención responder esta clase de preguntas más importantes y profundas sobre la vida en la era digital. Pero, al mismo tiempo, el minimalismo digital suele ser presentado dentro de una forma de ver la vida que no considera lo trascendente. Este marco de pensamiento, al que me referiré como secularismo, parece cada vez más popular en nuestros países y lo he hallado contradictorio al minimalismo digital.

Si somos el producto de un proceso evolutivo en el que los más fuertes se impusieron sobre los más débiles, ¿por qué sería *realmente* malo que las redes sociales sean usadas por personas y empresas poderosas para imponerse sobre nosotros? Además, a pesar de mi juventud, he podido pensar lo suficiente en mi muerte como para preguntarme: si lo trascendente no importa o no es real, ¿de qué sirve cuidar nuestra atención si al final no hay ningún propósito más allá de esta vida, si solo somos como una hoja arrastrada por el viento? ¿Usar con prudencia las redes sociales hará una diferencia una vez que estemos a un paso de la muerte?

Soy un abogado del minimalismo digital y su propuesta para el cuidado de nuestra atención y uso de la tecnología.

Pero creo que necesitamos dos cosas cuando pensamos en él: *primero*, reconocer su insuficiencia y buscar responder a las preguntas que esta filosofía sobre la tecnología no puede responder por sí sola; *segundo*, necesitamos otro marco de pensamiento, diferente al secularismo, dentro del cual encajar el minimalismo digital, y que considere que esta vida terrenal no lo es todo. Así podremos entender mejor las redes sociales y a nosotros mismos. En especial, cuando admitimos la fuente real de nuestros problemas.

EL VERDADERO PROBLEMA

Todo el caos en nuestro mundo, alentado por la forma en que las redes sociales funcionan, es solo un síntoma de un problema más profundo. Las redes sociales solo amplifican lo que ya hay dentro de nosotros, estemos conscientes de eso o no. Como bien escuché a alguien decir, en este caso: «El corazón del problema es un problema de nuestro corazón».

Las redes sociales presentan una visión distorsionada de la realidad. Las personas tienden a publicar solo un lado de la realidad que viven, las fotos bonitas, el lado positivo de la vida. Pero las redes no tienen la capacidad de crear en nosotros un corazón propenso a la comparación y envidia que conduce a la frustración y depresión. Estas plataformas están hechas para fomentar la distracción y vanidad en nosotros, pero no pueden crear corazones que amen el entretenimiento y sean egocéntricos.

En Internet las noticias difamadoras y falsas se distribuyen más rápido que las reales, pero esto no es un problema que tiene que ver solo con algoritmos. Tiene que ver también con un carácter propenso a los chismes, menospreciar a otros y presentarse como superior a los demás. Podemos hablar en contra de cómo las redes sociales por diseño ayudan a distribuir con rapidez contenido provocador, mentiroso y hasta morboso, pero la realidad es que están hechas para darnos lo que ya queremos ver. Son como el mágico espejo de *Oesed* de los libros de Harry Potter: nos muestran aquello que deseamos al funcionar como una radiografía de nuestros intereses. Por su parte, las recomendaciones en YouTube son capaces de introducirnos por un agujero de conejo que puede llevarnos a conocer teorías de conspiración, pero eso no crea por sí mismo en nosotros una disposición a creer en el contenido que nos hace sentir más listos que los demás, que nos distraiga de pensar en nuestros propios problemas o nos lleve a creer lo peor de otra gente sin pruebas tangibles ni dar el beneficio de la duda.

En este sentido, el minimalismo digital nos ayuda a ser más inteligentes al usar la tecnología, pero no nos transforma automáticamente en personas diferentes. Necesitamos algo que vaya a la raíz del problema y una visión de la vida sin las contradicciones del secularismo. Suena complicado, como si necesitáramos algo novedoso, pero ¿y qué si no hay que reinventar la rueda? Este libro existe porque creo que la fe cristiana, de manera contracultural, nos da lo necesario para ser sabios en nuestra era de redes sociales.

EL *INFLUENCER* CONFRONTADO

Recuerdo cuando mis ojos fueron abiertos al simple hecho de que el cristianismo enseña verdades increíblemente prácticas para esta época digital.

El auto de mis padres esperaba afuera de la iglesia evangélica a la que yo asistía. Era un sábado por la noche. Mi papá fue a buscarme para llevarme a casa junto a mi guitarra y amplificador. Aguardaba por mí mientras yo seguía dentro del auditorio. Había finalizado el servicio de jóvenes, y el edificio iba quedando solo a medida que los asistentes salían para volver a sus casas. En unas sillas al lado de la plataforma, solo quedamos mi pastor del grupo de alabanza y yo. No recuerdo sus palabras exactas, pero sí la esencia de lo que dijo. Era algo que no esperaba escuchar. De repente, un secreto que yo consideraba inofensivo fue expuesto. Sentí cómo se desvanecía en mi cara la máscara de «joven entregado por completo a Dios» con la que me engañaba a mí mismo y a la iglesia. Debajo, estaba mi rostro real: el de alguien que necesitaba con urgencia ser más genuino en su fe, y ser libre de la superficialidad y el deseo esclavizante de ser popular. El mensaje de mi pastor fue: «Josué, no puedes vivir una doble vida. No puedes pretender honrar a Dios en la iglesia y vivir diferente en las redes sociales».

Al final de mi adolescencia había llegado a ser un *influencer* en Twitter en mi país, mucho antes de que la palabra *influencer* fuera común. En aquel entonces los niños todavía querían ser astronautas o futbolistas en vez de *youtubers*. Ser un tuitero importante en aquel tiempo era tan inútil como ser famoso y exitoso en *Los Sims*, pero llegué a estar entre los 100 «tuiteros más relevantes» según algunos rankings nacionales. ¿A qué se debía mi influencia? Tuits sarcásticos y «graciosos» sobre temas de actualidad. No me darían problemas si salieran a la luz hoy, pero no honraban al Dios en quien yo decía creer. Buscaban hacerme lucir genial, sin importar a quiénes ofendiera innecesariamente. Y me encantaba eso. Me fascinaba ver crecer mi número de seguidores y «me gusta». Yo podía estar durante horas frente al monitor de mi computadora solo mirando cómo crecían esas cifras.

Mientras tanto, en mi «vida *offline*» empecé a conocer el cristianismo bíblico al leer la Biblia, servir en una iglesia y buscar una vida de oración y meditación. Sin que yo fuera plenamente consciente de eso, comencé a vivir una doble vida: en la iglesia y mis relaciones en persona, yo era alguien que buscaba crecer espiritualmente. Pero en Internet actuaba diferente. No entendía que según la Biblia yo necesitaba tener mi identidad y gozo en Dios, y no en cualquier cosa que las redes sociales pudieran darme.

Mi pastor supo esto y me amó lo suficiente como para confrontarme. Me dijo que el evangelio debe transformar toda nuestra vida, incluso cómo usamos las redes sociales. Me hizo ver que no puedo darle *follow* al Jesús de la Biblia y darle *follow* al mundo y sus deseos egocéntricos al mismo tiempo. No puedo tomar mi cruz y seguir a Cristo para hallar descanso, si a la vez quiero tomar y seguir a las cosas que mi generación ansiosa valora. Sus palabras fueron un eco de las del hombre que más ha impactado la historia de la humanidad: «Si alguien quiere venir en pos de Mí, niéguese a sí mismo, tome su cruz y que me siga. [...] Pues ¿qué provecho obtendrá un hombre si gana el mundo entero, pero pierde su alma?» (Mat. 16:24-26).

Terminó la conversación, salí de la iglesia, y entré rápidamente al auto de mis padres. Ese sábado estuve en silencio durante todo el camino a casa.

Perdí muchos seguidores en mis redes sociales a medida que cambié mi modo de andar en ellas después de la reunión con mi pastor. Creí que el cambio sería difícil, que añadiría dolor al que sentí cuando mi vanidad fue expuesta. En realidad, fue más fácil de lo que esperaba. No me importó perder mi «influencia» cuando vislumbré mejor la suficiencia de Dios en el evangelio por medio del cual recibo el perdón por todo mi egocentrismo, orgullo y vanidad. ¿Qué importa si dejo de ser popular? Ya tengo la atención y cuidado de la Persona que más cuenta, la que más me ama a pesar de conocerme perfectamente. Esos días fueron liberadores para mí, pero entonces empecé a sentir una carga en mi corazón. Se trata de un peso que me aflige hasta hoy, cuando veo cómo muchas personas en la iglesia usan las redes de una forma contraria a lo que dicen creer.

CONTRADICCIONES Y PREGUNTAS

Como tal vez has notado, los cristianos en general estamos lejos de ser conocidos como las personas más genuinas, humildes, sabias y amorosas en redes sociales. Hay muchas contradicciones en nosotros. Por ejemplo, nos gusta decir que nuestro corazón está satisfecho en Cristo. Los domingos cantamos canciones que hablan sobre eso, pero nuestros perfiles sociales suelen revelar lo opuesto cuando buscamos alegría en mostrar que tenemos la razón o presumir el lado soleado de nuestra vida. Decimos adorar a Dios, pero idolatramos la aprobación de otros en Internet. El evangelio debe llevarnos a no depender de la opinión de los demás para vivir con gozo, pero cuando publicamos algo en redes sociales no podemos evitar preguntarnos: *¿Cuántos «me gusta» tendré? ¿Qué dirá la gente de lo que publiqué?*

Hablamos sobre nuestro anhelo de vidas auténticas, pero presentamos en Internet una imagen editada de nosotros. Luego la comparamos con las imágenes editadas de los demás.

Por eso no me sorprende saber de matrimonios al borde del colapso que aparentan estar bien en redes sociales. Conozco a jóvenes que luchan con la depresión y son esclavos de la pornografía, pero parecen felices en Internet. Hay pastores y líderes que lucen fieles y exitosos en sus redes, pero sus iglesias y familias son un desastre que requiere la intervención quirúrgica urgente de la gracia de Dios.

Decimos que leer la Biblia y orar es lo mejor que podemos hacer, pero la mayoría pasamos más tiempo en las redes sociales que profundizando en nuestra relación con Dios. Decimos que la santidad importa, pero muchos seguimos perfiles en Internet que sabemos que nos apartan de lo que honra a Dios. Decimos que debemos amar al prójimo, pero muchas de nuestras interacciones en redes sociales están llenas de peleas inútiles, chismes y mentiras.

Decimos que nos importan las personas cercanas en nuestra vida, pero nos distraemos en presencia de ellos con nuestros teléfonos. Decimos que queremos ser buenos mayordomos de nuestros dones y talentos, y honrar a Dios en nuestros trabajos y estudios, pero nos resulta natural dejar que las redes sociales nos distraigan de trabajar con excelencia y enfoque.

Decimos querer vivir para Dios, pero gastamos el tiempo frente a pantallas para luego quejarnos de que las horas nunca nos alcanzan para lo que debemos hacer. Decimos querer hacer algo valioso con nuestra vida, pero a veces nos interesa más publicar nuestra vida que vivirla. Decimos que lo importante es lo que hacemos en secreto para Dios, pero somos rápidos para publicar nuestras buenas obras y oraciones en redes sociales, mostrando a otros nuestra «devoción» y cómo Dios nos usa. Como si Jesús nunca hubiera dicho: «Cuídense de no practicar su justicia delante de los hombres para ser vistos por ellos; de otra manera no tendrán recompensa de su Padre que está en los cielos...» (Mat. 6:1 en adelante).

No queremos ser superficiales, pero al igual que el resto del mundo hemos adoptado una visión de la vida en la que solo importa lo que es publicado, aprobado por otros y nos hace lucir mejores o con un estilo de vida deseable. Decimos que queremos exaltar a Dios y que otros lo miren a Él, pero nuestros perfiles sociales gritan constantemente: *¡Mírenme a mí!*

Podría seguir mencionando más ejemplos de contradicciones, pero ya entiendes el punto. Así es como incontables cristianos manejamos nuestros perfiles sociales. No es tan diferente a cómo la mayoría de la gente usa las redes sociales. Y no puedo ignorar estas tendencias desde que empecé a notarlas en mi vida y a mi alrededor, lo cual me llevó a hacer preguntas como: *¿Qué revelan de nosotros estas contradicciones? ¿Significa esto que el cristianismo no tiene algo para decirnos sobre las redes sociales? ¿Por qué las redes sociales tienen tanta influencia en nosotros, seamos creyentes o no? ¿Cómo podemos ser más sabios en nuestra era digital?*

CONSIDEREMOS LO ETERNO

No dejé de pensar y estudiar sobre esto durante mis años como estudiante de periodismo y trabajando en mercadotecnia digital. Aún lo hago, mientras trabajo como coordinador editorial y autor en una organización cristiana con alcance masivo en Internet y redes sociales. Como comunicador y escritor, quiero descifrar cómo las redes sociales impactan nuestra cultura y comunicación. Como cristiano, mi enfoque está en las dimensiones espirituales de nuestro uso de ellas. Y uno de los privilegios más grandes que he disfrutado es hablar de eso con incontables creyentes, pastores e iglesias en escritos, entrevistas, foros, conferencias, etc. Así nació este libro. Pero si te soy honesto, aún tengo más preguntas que respuestas.

Apenas estamos empezando a entender el impacto de las redes sociales en nosotros. Así que este libro no pretende ser definitivo sobre este tema desde una perspectiva de fe. Pero, si algo he aprendido durante este viaje hasta ahora, es que los cristianos usamos de maneras contradictorias las redes sociales, como el resto del mundo, no por causa de nuestra fe sino *a pesar de ella*. Por lo tanto, escribo este libro con un objetivo doble:

1. Si no te consideras creyente, espero mostrarte cómo el cristianismo plantea un marco razonable (a diferencia del secularismo) para entender mejor nuestra era de redes sociales, cómo usarlas y cómo pensar sobre ellas, respondiendo a las preguntas que el minimalismo digital no puede responder.
2. Si ya eres creyente, oro que estas páginas te ayuden a vivir más satisfecho en Dios en nuestra era ruidosa y a ser más sabio con la forma en que usas las redes sociales.

En otras palabras, si sigues a Jesús, espero que este libro te ayude a andar más acorde a la revelación del Espíritu Santo en la Biblia (ver 1 Cor. 2:14-15; Rom. 8:5-6,14). Por eso he llamado este libro *Espiritual y conectado*. Porque lo crucial en este asunto es ver las redes sociales a la luz de la eternidad, y esto requiere tener una mente moldeada por lo que Dios nos dice en Su Palabra, una mente más espiritual y menos superficial en nuestra era de conexión incesante. Somos llamados a caminar conforme al Espíritu Santo, incluso cuando estamos conectados (Gál. 5:16, 18, 25; Rom. 8:14).

No pretendo dar una guía detallada sobre cómo toda persona debería usar las redes sociales, pues eso sería como prescribir una dieta alimenticia idéntica para todas las personas. Sencillamente no funcionaría, porque no consideraría nuestras diferencias. Más bien, quiero presentar las verdades eternas más cruciales para conducirnos con sabiduría con relación a las redes sociales, y que cada uno de nosotros puede considerar y aplicar en diferentes contextos y etapas de nuestra vida. Estás más frente a un manifiesto que frente a un manual.

Tampoco esperes leer un llamado radical a abandonar las redes sociales. No creo que sea malo en sí mismo usarlas, pero tampoco creo que debemos estar en todas ellas o que debemos seguir usándolas como hasta ahora. Y como somos rápidos para ver los aparentes beneficios de la tecnología y obviar sus problemas cuando no somos sabios al usarla, veo necesario traer balance a nuestro entendimiento al traer a la luz las cosas que solemos ignorar. Quiero fomentar el discernimiento, en especial cuando prácticamente toda la tecnología digital a nuestro alrededor ha tomado elementos cruciales de las redes sociales. Aplicaciones para hacer ejercicios físicos tienen mucho en común con los grupos que consigues en Facebook. Incluso en aplicaciones para leer la Biblia podemos hallar espacios para compartir nuestras palabras y dejar comentarios o señales de aprobación («me gusta») en las publicaciones de otras personas. Nos interesen o no las redes sociales, de algo podemos estar seguros: están llenando nuestro mundo.

En resumen, busco mostrar cómo la fe cristiana es relevante para toda la vida, y presentar las redes sociales como un ejemplo del alcance del cristianismo. Es posible que algunas cosas específicas que leerás a continuación tengan más aplicación para ti que otras, debido a que hay muchas formas de usar las redes sociales. Así que te pido paciencia cuando sientas que algo no aplique de manera muy directa para tu caso. Puede que se aplique mejor a alguien que conozcas y a quien puedas ayudar a profundizar en este tema.

Este es el plan: en la primera parte de este libro ofrezco una mirada general a algunas de las maneras más profundas en que las redes sociales nos cambian. En la segunda parte ofrezco la perspectiva bíblica y su relevancia. Confieso que no escribo como alguien libre de contradicciones, pues aún necesito ser más genuino en mi fe (¡puedes preguntarle a mi esposa!). Pero espero mostrarte cómo lo eterno resulta ser una roca sólida para construir nuestra vida ahora, en medio del mejor y peor de los tiempos.

☑ He leído y acepto los términos y condiciones.

PARTE I
Nuestra era de redes sociales

— 1 —

UNA BATALLA POR TU CORAZÓN

LUEGO DE QUE el anillo único llegó a manos de Bilbo Bolsón (el personaje de *El hobbit* y *El señor de los anillos)*, su vida no volvió a ser la misma. El anillo, su atractivo y poder, poco a poco tomó posesión de él. Le brindaba cierta sensación de seguridad y deleite adictivo, a tal punto que Bilbo no podía «descansar» sin sentir la joya en su bolsillo. Este hobbit corría el riesgo de convertirse en otro Gollum, alguien consumido por el anillo único, su «tesoro».

Puedo imaginarlo dándole un vistazo al anillo al despertar, antes de dormir, mientras caminaba o comía... A veces necesitaba revisarlo solo para ver si estaba a salvo y seguía allí con él. Bilbo podía pensar que tenía el anillo en sus manos, pero en realidad el anillo lo tenía a él.

Usemos la imaginación. Me pregunto: ¿qué diría Bilbo sobre nuestros teléfonos inteligentes? ¿Qué pensaría al vernos apegados a ellos casi como él a su anillo?

Sabemos lo que se siente acudir a nuestro teléfono constantemente, incluso para hacer nada. Simplemente vemos la pantalla y hacemos *scrolling* en aplicaciones, moviendo nuestros pulgares de abajo a arriba. Hacemos lo mismo cuando estamos aburridos y sentimos que nos estamos perdiendo de algo importante y queremos ver qué hay de nuevo en redes sociales. Solemos revisar el teléfono solo para ver si tenemos alguna nueva notificación en nuestras redes y nos decepcionamos cuando no hay ninguna. Es algo que solemos hacer sin pensar bien en lo que hacemos. Como si anduviéramos en «piloto automático». Como si en vez de usar nuestros teléfonos, ellos nos usaran a nosotros.

Es difícil resistir la presencia de estos dispositivos. Cuando empecé a dejar mi teléfono en casa más seguido, sentía no solo que dejaba una herramienta poderosa que podía ayudarme mucho con sus *apps* instaladas. También sentía como si dejara algo que me ayudaba a escaparme de la realidad que tenía en frente. Ya no tenía un teléfono a la mano que me prometía acceso inmediato a cualquier cosa para entretenerme y aislarme de un rato tedioso o incómodo. Me sentía como salir sin abrigo para refugiarme.

Suena casi ofensivo admitir que nuestros ojos y dedos son atraídos constantemente a nuestros teléfonos como un perro es atraído a un hueso arrojado a sus pies. Nos atraen con la promesa de darnos un acceso inmediato a un montón de cosas que pueden resultar increíblemente atractivas para nosotros, en especial con el uso de redes sociales. Esa es una de las razones por las que escribo este libro. A veces nos parecemos mucho a Bilbo con su anillo.

¿POR QUÉ TANTA INFLUENCIA?

Nuestros dispositivos digitales y las redes sociales a las que accedemos por medio de ellos tienen una influencia difícil de medir en nuestra vida. Incluso pueden distraernos de los momentos más especiales de la vida. Vemos esta atracción a cada rato en la sociedad, por ejemplo, cuando la gente se sienta en una mesa a comer y conversar, pero algunos pasan más tiempo mirando sus teléfonos que hablando cara a cara. También la vemos en las iglesias, cuando muchos creyentes están más pendientes de subir una foto a Internet o revisar los últimos estados en WhatsApp que de escuchar la proclamación del mensaje bíblico.

Cualquier conversación sobre cómo las redes sociales nos cambian debe empezar por la pregunta: *¿Por qué tienen tanta influencia sobre nosotros?* Podemos decir que se debe a que nos entretienen al darnos ratos amenos (por ejemplo, con memes divertidos y actualizaciones felices sobre gente que nos importa) y ratos amargos (por ejemplo, mostrándonos lo estúpida que se ha vuelto la política y haciéndonos enojar). También podríamos decir que las redes sociales nos ayudan a «escapar» un poco de la monotonía de nuestros días y al mismo tiempo mantenernos actualizados con la realidad que nos rodea.

En todo esto, hay algo adicional que solemos pasar por alto: somos más fáciles de manipular de lo que creemos. Las redes sociales están diseñadas meticulosamente para que pasemos mucho tiempo en ellas y cedamos nuestra privacidad. Esto es crucial si queremos entender cómo han llegado a influenciar tanto nuestra vida. Las personas que diseñan estas plataformas comprenden bien la naturaleza humana, y se aprovechan de algunas verdades fundamentales sobre nosotros, como veremos en esta primera parte del libro.

Este asunto es más perturbador de lo que quisiéramos admitir, y sus implicaciones son más serias de lo que podemos imaginar. En este capítulo, quiero darte un vistazo de esto y su relevancia al tratar de comprender la influencia de las redes sociales sobre nosotros. Te reto a acompañarme sin distraerte con tu teléfono.

SOMOS EL PRODUCTO

En primer lugar, debemos entender que, si entrar en redes sociales es «gratis» para nosotros, es porque *nosotros* somos el producto que ellas ofrecen. Bueno, en realidad sí hay una forma en que «pagamos» para estar en ellas: damos información personal sobre nosotros y aceptamos que observen cómo interactuamos en sus plataformas y, por ende, puedan contagiarnos ideas por medio de publicaciones y anuncios.

La información que les brindamos es un activo vital para estas compañías. Se trata de una base fundamental en su modelo de negocio y no hay indicio de que esto cambiará en muchos años.[1] Nuestros datos les permiten ofrecer a otras voces y compañías la posibilidad de dirigirnos publicidad e información diseñada cuidadosamente para apelar a nuestras personalidades, deseos y gustos, gracias a que cedimos nuestra privacidad en las redes sociales. Aprobamos esto cuando

---

1. Véase por ejemplo: "Mark Zuckerberg: 'There will always be a version of Facebook that is free'", *ABC News*, 4 de octubre, 2018. https://abcnews.go.com/Politics/video/mark-zuckerberg-version-facebook-free-54375605.

aceptamos los términos y condiciones que nunca leemos porque son largos y aburridos.[2]

Estos datos pueden incluir nuestras horas de sueño, las horas en las que más usamos las redes sociales, las cosas que más nos gustan, cuánto caminamos durante el día, quiénes son nuestros mejores amigos, cuáles son los lugares que más nos gustan, nuestras búsquedas en Internet, los sitios web que más visitamos, y un largo etcétera.

Debido a esto, nunca había sido tan fácil dirigir una publicidad o idea a las personas más susceptibles a comprar lo que venda ese mensaje en específico. Tampoco había sido tan fácil difundir una mentira y manipular a millones de personas psicológicamente, como evidencia el escándalo de Cambridge Analytica y su impacto en las elecciones de 2016 en los Estados Unidos, y otros eventos en los últimos años.[3]

Nuestra información personal *siempre* es usada en las redes sociales para capturar nuestra atención y vendernos ideas. Cualquier persona que haya trabajado en mercadotecnia digital puede darte testimonio de eso. Las redes sociales pueden ser la maquinaria más poderosa para la manipulación masiva en el mundo.

---

2. Recomiendo el documental *Terms and Conditions May Apply* (2013), dirigido por Cullen Hoback. Aunque está desactualizado en algunas cosas, hace un buen trabajo mostrando cómo solemos ignorar los términos y condiciones al usar las redes sociales y diversas *apps*.

3. He escrito sobre el escándalo de Cambridge Analytica en: "Los hechos: Lo que debes saber acerca de Facebook y tu privacidad", *Coalición por el Evangelio*, 21 de marzo, 2018. https://www.coalicionporelevangelio.org/articulo/lo-que-debes-saber-acerca-de-facebook-y-tu-privacidad-cambridge-analytica/. Algunos de los siguientes párrafos sobre la privacidad y la ausencia de verdadero anonimato fueron adaptados de aquel artículo.

ADIÓS A LA PRIVACIDAD

La mayoría de nosotros no sabemos con precisión quiénes poseen nuestra información. A través del buscador de Google Maps o Waze, o de WhatsApp, Instagram, y tantos otros medios, cada vez más parece evidente que tanto Facebook como Google, como solo Dios sabe cuántas otras compañías, tienen un perfil detallado de quiénes somos.

Muchas veces parece que nos conocen mejor de lo que nosotros mismos nos conocemos, a tal punto que no necesitan espiarnos las 24 horas del día para imaginar qué cosas conversamos fuera de las redes sociales, como a veces suponemos que lo hacen por los micrófonos y las cámaras de nuestros teléfonos. A muchos nos ha pasado en algún momento que hemos tenido una conversación sobre un producto o una película, y luego vemos publicidad relacionada sobre eso en una red social, por ejemplo. Si sospechas que no te ha pasado, créeme que te ocurrirá pronto. ¡Y es tan fácil creer que nos espían en nuestro tiempo *offline*!

Tristan Harris (un experto en el tema de quien hablaré un poco más en breve) explica que la realidad es más extraña. Con toda la información que las redes sociales obtienen de nosotros (gustos, pasatiempos, horarios, amistades, etc.), ellas han diseñado una especie de «muñeco vudú» secreto de cada usuario, una especie de representación en miniatura y digital de nosotros. Harris dice: «Todo lo que tengo que hacer es simular qué conversación está teniendo el muñeco vudú, y sé la conversación que acabas de tener sin tener que escuchar el micrófono».[4]

---

4. Citado en Dan Robitzki, "Ex Google: Company has a 'voodoo doll, avatar-like version of you'", *Futurism*, 2 de mayo, 2019. https://futurism.com/the-byte/google-company-voodoo-doll-avatar. De aquí en delante, las citas son traducciones mías en aquellos libros donde los títulos a pie de página estén en inglés.

Lo que pareciera una pesadilla de ciencia ficción es ahora una realidad diaria, y nosotros rendimos voluntariamente nuestra privacidad con cada clic. De hecho, no solo cedemos nuestra privacidad, sino también la de los demás (¿verdad que ya no parece muy buena idea documentar en las redes sociales toda la vida de tus hijos?). Incluso algunas de estas empresas tienen formas de recolectar y usar la información de personas que ni siquiera tienen cuenta en sus plataformas.[5]

La falta de privacidad real al usar las redes sociales nos recuerda la ilusión del anonimato. Los cristianos sabemos que no hay cosa oculta a la vista de Aquel que juzga todas las cosas (Heb. 4:13). Por la obra de Cristo, ese pensamiento no nos aterroriza si somos creyentes. Él nos mira con gracia, y nos capacita para vivir con sabiduría. Pero Facebook, Google, Yahoo!, Twitter y otras compañías existentes (y por existir) no son como Dios. Desde un punto de vista bíblico, las empresas tras las redes sociales no tienen nuestro bien espiritual como su interés: tienen sus propias agendas, prioridades (como el dinero) y forma de ver al mundo. Por lo tanto, entender que observan nuestras acciones, tanto las físicas como las virtuales, debe llevarnos a vivir vidas más sobrias. Al mismo tiempo, seamos cristianos o no, necesitamos reconocer que cuando cedemos datos a una red social estamos permitiendo la posibilidad de que nos presenten cierta clase específica de publicidad o información que puede influir en nuestro pensamiento y de esa manera influir en nuestros futuros.

En otras palabras, el costo de usar incontables *apps* y estar en Facebook es más que solo ceder nuestra información: se

---

5. Kurt Wagner, "This is how Facebook collects data on you even if you don't have an account", *Vox*, 20 de abril, 2018. https://www.vox.com/2018/4/20/17254312/facebook-shadow-profiles-data-collection-non-users-mark-zuckerberg.

trata de permitir también que la usen para venderte productos e ideas (verídicas o no). No solo manipularte para influir en los resultados electorales de tu país, como buscan muchas noticias falsas en Internet, sino también influir en los sueños que decides perseguir, las cosas que te gustan, el contenido de tus conversaciones y mucho más. Es una consecuencia de vivir siendo bombardeados por mensajes diseñados *específicamente* para cada uno de nosotros.

EL ACTIVO MÁS VALIOSO

Aunque hemos hablado sobre lo que se hace con nuestra información en las redes sociales, la verdad es que a ellas de poco les sirve nuestra información si no tienen nuestra atención. Al mismo tiempo, necesitan nuestra atención para obtener más información sobre nosotros. En cierto modo, la atención antecede a nuestra información. Por eso, el activo más valioso para las redes sociales y grandes compañías tecnológicas no son simplemente nuestros datos, sino también nuestros ojos frente a las pantallas. En otras palabras, *lo que las redes sociales más desean es que deseemos estar en ellas y queramos lo que ellas puedan darnos.*

Nuestra atención es limitada, y por eso hay tanta competencia por ella en la era digital. Por ejemplo, el *CEO* de Netflix ha dicho que el mayor rival de la compañía es el sueño de sus usuarios.[6] Por eso se enfocan en diseñar sus series y presentarlas dentro de la plataforma de una manera que fomente el *binge-watch* (ver muchos episodios de manera seguida) y así

---

6. Rina Raphael, "Netflix CEO Reed Hastings: Sleep Is Our Competition", *Fast Company*, 11 de junio, 2017. https://www.fastcompany.com/40491939/netflix-ceo-reed-hastings-sleep-is-our-competition.

capturar la atención de las personas. También usan tu historial de series y películas vistas para presentarte contenido que puede interesarte cada vez más. El negocio de Netflix depende de esto para cautivar suscriptores y crecer.[7] No se preguntan si deberías ver pocas horas de su programación para que puedas enfocarte mejor en tus estudios, tus relaciones familiares o tu vida devocional a solas con Dios.

El negocio de las redes sociales depende de lo mismo. Incluso si abandonaran un modelo de ganancias basado en la publicidad y se enfocaran en otros modelos (por ejemplo, uno basado parcialmente en la suscripción, similar al que ofrecen redes como YouTube), tu atención seguirá siendo lo más importante que ellas quieren de ti. La necesitan para crecer por encima de la competencia. Así como en la película de *Matrix,* donde las masas eran entretenidas en un mundo digital para que las máquinas pudieran alimentarse de las personas, las redes sociales nos quieren enredados en ellas para su beneficio.

PERFECCIONANDO LA TÉCNICA

Tristan Harris trabajó por tres años como «diseñador ético» en Google, donde estudió «cómo se controlan los pensamientos de la gente de forma ética».[8] Hoy es el cofundador del *Centro de Tecnología Humana*, cuya misión es revertir la «degradación humana» que producen muchas tecnologías en nosotros

7. Howard Yu, "Netflix Grows Subscriber Base, Thanks To Smart Algorithms And Human Creativity", *Forbes*, 17 de enero, 2019. https://www.forbes.com/sites/howardhyu/2019/01/17/investors-may-be-disappointed-but-netflix-will-keep-inventing-the-future/.

8. Tristan Harris, "Cómo un grupo de compañías tecnológicas controlan billones de mentes cada día", *TED*, abril, 2017. https://www.ted.com/talks/tristan_harris_the_manipulative_tricks_tech_companies_use_to_capture_your_attention/transcript?language=es.

y realinear la tecnología con la humanidad.[9] Harris se ha convertido en una de las voces más influyentes contra la forma en que las redes sociales, aplicaciones y varios sitios web están diseñados para manipularnos.

Él explica cómo en empresas como Google, Facebook, y otras tantas, hay una especie de sala de control con un puñado de gente que tiene a su alcance pequeños diales que les sirven para moldear los pensamientos y sentimientos de billones de personas. «Lo sé porque solía estar en una de esas salas de control», revela Harris.[10] «Hay un objetivo oculto guiando la dirección de toda la tecnología que hacemos y ese objetivo es la carrera por nuestra atención. Porque cada sitio nuevo, [sitios sobre] elecciones, política, juegos, e incluso las aplicaciones de meditación, tienen que competir por una cosa: nuestra atención, y esta es limitada».[11]

Harris ha hablado ampliamente sobre muchas de las técnicas sutiles que las redes sociales usan para mantenernos enganchados. Por ejemplo, la reproducción automática de los videos uno tras otro: antes debías escoger si querías seguir viendo videos, pero ahora tienes que escoger si *no* quieres ver videos, lo cual demanda más resistencia. O presentarte el contenido más controversial o llamativo para ti que gatillará tu reacción al mismo y te llevará a pasar más tiempo en redes sociales. Esto ayuda a entender por qué las malas noticias suelen tener más alcance en Internet que las buenas. También podríamos hablar de las notificaciones incesantes que recibimos y sus colores llamativos.[12]

---

9. Recomiendo visitar su sitio web oficial: https://humanetech.com/.
10. Harris, "Cómo un grupo de compañías tecnológicas...".
11. Ibid.
12. Ibid. Al respecto, recomiendo la presentación que Harris presentó a Google años atrás, actualmente compartida en: Casey Newton, "Google's new focus on well-being

Hoy el trabajo de estas técnicas y muchas otras es perfeccionado gracias a la así llamada Inteligencia Artificial. Ella puede tener muchas utilidades positivas y buenas para la sociedad, por ejemplo en el campo de la medicina, pero lamentablemente también puede ser usada para la manipulación de las personas.[13] Considera, por ejemplo, el funcionamiento de Tik-Tok, una de las redes sociales más irresistibles y en expansión en varias zonas del mundo y que se ha visto envuelta en serias acusaciones de ceder información de sus usuarios al gobierno de China.[14] El crecimiento de esta red social se debe no solo a campañas de mercadotecnia agresivas, sino principalmente a su uso de Inteligencia Artificial para evaluar qué contenido puede atraparnos más y así desplegarlo ante nuestros ojos, incluso cuando no hemos manifestado nuestros intereses y preferencias con tanto detalle. Piensa en esto como la capacidad de leer tu mente por medio de herramientas automáticas que se optimizan a sí mismas para analizarte psicológicamente, considerando las cosas que decides ver, el tiempo que les dedicas, y cómo mueves tu pulgar en la pantalla de tu teléfono. Así el algoritmo puede considerar qué contenido te gustaría más. Todo por tu atención.[15]

---

started five years ago with this presentation", *The Verge*, 10 de mayo, 2018. https://www.theverge.com/2018/5/10/17333574/google-android-p-update-tristan-harris-design-ethics.

13. Para una perspectiva más amplia sobre los beneficios y peligros de la Inteligencia Artifical, recomiendo el libro de Jason Thacker, *The Age of AI: Artificial Intelligence and the Future of Humanity* (Zondervan, 2020).

14. Jason Thacker, "What's the Problem with China and TikTok? Privacy, human rights, and the Communist party", *Ethics & Religious Liberty Commission of the Southern Baptist Convention*, 10 de Agosto, 2020, https://erlc.com/resource-library/articles/whats-the-problem-with-china-and-tiktok/.

15. Jia Tolentino, "How TikTok hold our attention", *The New Yorker*, 23 de septiembre, 2019. https://www.newyorker.com/magazine/2019/09/30/how-tiktok-holds-our-attention.la autora añade: «La aplicación proporciona una página "Descubrir",

Esta es una de las razones principales por las que otras compañías en el negocio de la captura de atención están muy interesadas en la Inteligencia Artificial. Lo que tal vez es aun más importante para estas empresas es que los avances en esta tecnología también pueden ser útiles para moldear nuestros pensamientos simultáneamente, lo cual puede reportar incontables ganancias económicas debido al modelo de negocio que utilizan. Hablando en un reportaje sobre cómo TikTok resulta tan adictiva, la escritora *best seller* e investigadora Jia Tolentino explica:

Nos hemos estado preparando inadvertidamente para esta experiencia durante años. En YouTube, Twitter, e Instagram, los algoritmos de recomendación nos han hecho sentir atendidos individualmente al tiempo que doblegan nuestra individualidad en formas rentables. TikTok favorece cualquier cosa que mantenga los ojos de las personas,

---

con un índice de hashtags de tendencia, y un feed "Para ti", que es personalizado, si esa es la palabra correcta, por un sistema de aprendizaje automático que analiza cada video y rastrea el comportamiento del usuario para que pueda servir un flujo continuo de TikToks continuamente refinado y sin fin, optimizado para mantener su atención. En la teleología de TikTok, los humanos fueron puestos en la Tierra para hacer un buen contenido, y el "buen contenido" es todo lo que se comparte, replica y desarrolla. En esencia, la plataforma es una enorme fábrica de memes, que comprime al mundo en gránulos de "viralidad" y dispensa esos gránulos hasta que estés lleno o te duermas.

ByteDance tiene más de una docena de productos, algunos de los cuales dependen de motores de recomendación de Inteligencia Artificial. Estas plataformas recopilan datos que la compañía agrega y usa para refinar sus algoritmos, que luego la compañía usa para refinar sus plataformas; enjuague y repita. Este ciclo de retroalimentación, llamado "ciclo virtuoso de IA", es lo que cada usuario de TikTok experimenta en miniatura [...] Aunque el algoritmo de TikTok probablemente se basa en parte, como lo hacen otros sistemas, en el historial del usuario y los patrones de interacción de video, la aplicación parece estar muy en sintonía con los intereses no articulados de una persona. Algunos algoritmos sociales son como meseros mandones: solicitan tus preferencias y luego recomiendan un menú. TikTok te ordena la cena al verte mirar comida».

y proporciona los incentivos y las herramientas para que las personas copien ese contenido con facilidad. La plataforma luego ajusta sus predilecciones en función del ciclo cerrado de datos que ha creado. Este patrón parece relativamente trivial cuando el material subyacente se refiere a [memes divertidos], pero podría determinar gran parte de nuestro futuro cultural. El algoritmo nos da lo que nos agrada, y nosotros, a su vez, le damos al algoritmo lo que le plazca. A medida que el círculo se estrecha, cada vez somos menos capaces de separar los intereses algorítmicos de los nuestros.[16]

Es difícil exagerar las implicaciones de esto. Por ejemplo, ¿cómo podemos saber si los gustos que expresamos en redes sociales y que determinan lo que consumimos se deben a nuestros propios intereses traídos a la red o a los intereses de los algoritmos plantados en nosotros con el correr de las horas? Si nuestros intereses son moldeados en las redes sociales, ¿cómo podemos estar seguros de que están siendo moldeados de una manera que consideraríamos virtuosa? Los cristianos podríamos dar un paso más y preguntar incluso: ¿cómo podemos estar seguros de que no somos influenciados por ecos de la voz de una serpiente antigua que desea que vivamos vidas sin fruto y distraídas de lo más importante?

Además, ¿qué tan libre somos al ver las cosas que sentimos que nos gustan o atrapan? No es de extrañar que Jaron Lanier, uno de los pioneros de la Internet y la realidad virtual, haya expresado que la industria de las redes sociales y la forma en que ellas cambian la sociedad tienen profundas implicaciones

---

16. Ibid.

religiosas al introducirnos en una clase de marco espiritual y forma de ver la vida. Él afirma que hemos cedido parte de lo que él llama nuestro libre albedrío cuando dejamos que las redes sociales comiencen a decidir «a quién vamos a conocer, en qué estamos interesados, qué deberíamos hacer».[17]

LA AUTORIDAD DE LOS ALGORITMOS

Como nos recuerdan las palabras de Lanier, las redes sociales son tan buenas en lo que ofrecen, que incluso con el correr del tiempo podemos llegar a considerarlas como una fuente de autoridad en nuestra vida (aun por encima de la Palabra de Dios y nuestros hermanos en la fe, si somos creyentes). Por ejemplo, cuando las redes sociales nos conozcan mucho mejor y tengan algoritmos más avanzados, ¿por qué no confiar en ellas para ayudarnos a escoger cómo vivir? ¿Por qué no depender de ellas para saber con quién casarnos, a qué profesión dedicarnos, qué deberíamos creer, y qué tipo de entretenimiento deberíamos preferir?

Esto puede sonar descabellado, pero pensadores influyentes de la actualidad han empezado a hablar desde hace años sobre cómo los algoritmos se están convirtiendo en la mayor fuente de autoridad para millones de personas hoy.[18] Netflix examina las películas y series que más nos gustan para saber cómo entretenernos mejor, y hacemos caso a sus recomendaciones.

---

17. Jaron Lanier, *Diez razones para borrar tus redes sociales de inmediato* (Barcelona: Penguin Random House Grupo Editorial España, 2018), loc. 1820-1851, Kindle.

18. Por ejemplo, el pensador popular ateo, Yuval Noah Harari, ha hablado sobre cómo los algoritmos pueden volverse la mayor fuente de autoridad en nuestros días. Véase: "Will the Future Be Human? — Yuval Noah Harari", *World Economic Forum*, 25 de enero, 2018. https://www.youtube.com/watch?v=hL9uk4hKyg4.

Amazon nos recomienda libros basándose incluso en nuestra velocidad de lectura o aquello que leemos con más atención en Kindle. De igual forma, las redes sociales nos recomiendan estar en contacto con algunas personas dependiendo de nuestros gustos y ubicación, y hacemos lo que sugieren que hagamos. Nos presentan contenido que puede interesarnos, y lo consumimos sin preguntarnos si realmente debemos obedecer a esta autoridad o no.

A medida que las redes sociales tienen porciones más grandes de nuestra atención y pueden cautivarnos, más pueden ser una autoridad para nosotros al esclavizarnos de diversas maneras. A fin de cuentas, una parte vital del atractivo que las redes sociales quieren tener es que puedan ser indispensables para casi todo. En las redes sociales hacemos más que ver y publicar contenido. Buscamos respuestas a preguntas, nos comunicamos con otras personas, nos informamos para construir nuestra visión del mundo, y establecemos una identidad ante los demás. ¿Hemos pensado lo suficiente en esto?

LA IMPORTANCIA DE TU ATENCIÓN

La idea de que nuestra atención es valiosa porque determina cómo seremos influenciados no es algo nuevo. Es algo que la fe cristiana siempre ha creído. El rey Salomón lo tenía claro cuando escribió sobre la necesidad que tenemos de dar nuestra atención a la sabiduría que viene de Dios, la mejor autoridad de todas:

> Hijo mío, presta atención a mis palabras;
> Inclina tu oído a mis razones.
> Que no se aparten de tus ojos;

Guárdalas en medio de tu corazón. [...]
Miren tus ojos hacia adelante,
Y que tu mirada se fije en lo que está frente a ti
(Prov. 4:20-12, 25).

Según el cristianismo, nuestra atención siempre ha sido importante, y esta es una razón poderosa para que en nuestra generación consideremos cómo la enseñanza bíblica puede ayudarnos en nuestra era de distracción y manipulación. De inmediato, notamos que el lenguaje bíblico es diferente al que usamos. Decimos que las redes sociales quieren nuestra atención, pero la forma más bíblica de hablar sobre esto sería decir que las redes sociales quieren nuestro corazón.

Sé que puede sonar raro decir que las redes quieren tu corazón. En nuestra cultura y siglo xxi pensamos que el corazón tiene que ver solo con sentimientos, en especial si hemos sido expuestos a películas de Disney y a música pop. Sin embargo, la Biblia enseña no solo que sentimos con el corazón, sino que también *actuamos* y *pensamos* con él.

Por ejemplo, cuando Dios le dio una revelación al profeta Daniel sobre un sueño que tuvo el rey Nabucodonosor, el profeta afirmó ante el rey: «En cuanto a mí, me ha sido revelado este misterio, no porque yo tenga más sabiduría que cualquier otro viviente, sino con el fin de [...] que usted entienda los *pensamientos de su corazón*» (Dan. 2:30, énfasis agregado). Nuestros corazones toman decisiones y hacen planes: «*Los propósitos del corazón* son del hombre...» (Prov. 16:1, énfasis agregado). Nuestras palabras salen del corazón, enseñó Jesús (Mat. 12:32). Nuestro corazón es el centro de nuestro pensamiento y no solo de nuestras emociones (Hech. 8:22).

En otras palabras, «el corazón es la esencia del ser y la fuente de donde procede la vida de una persona».[19] Lo que pensamos, actuamos, y hablamos surge de allí. Por eso Proverbios 4:23 afirma: «Con toda diligencia guarda tu corazón, porque de él brotan los manantiales de la vida». ¿Qué significa esto? Significa que aquello en lo que nuestro corazón esté más enfocado y preste su mayor atención, es lo que más puede influenciarnos. Se convertirá en nuestra brújula y norte al mismo tiempo.

Ahora piensa en esto: si las redes sociales quieren que pienses en ellas y lo que obtienes por medio de ellas, buscando cautivarte y darte lo que más enganchará tus ojos, ¿no quieren, entonces, tu corazón? Cuando las empresas detrás de las redes sociales las diseñan y ajustan para impactar la forma en que actúas, y te llevan a pasar más tiempo en ellas o compartiendo más cosas, y gobiernan tu atención al hacerlas adictivas con ayuda de expertos en comportamiento humano e Inteligencia Artificial… entonces están detrás de tu corazón. Buscan el centro de tus emociones, pensamientos y voluntad. Nosotros no estamos conscientes de eso debido al buen trabajo que han hecho estas empresas para enmascarar cómo logran que sus productos resulten tan irresistibles.

Esta es una especie de esclavitud voluntaria moderna, en especial cuando pensamos que las redes sociales son indispensables en nuestra vida, y así justificamos nuestra presencia y actividad en ellas.[20] No es exagerado decir entonces que la

19. D. A. Carson, ed., *NIV Zondervan Study Bible, eBook: Built on the Truth of Scripture and Centered on the Gospel Message* (Grand Rapids, MI: Zondervan, 2015), loc. 145327, Kindle.

20. Véase: Cal Newport, "Why You Should Quit Social Media", *TED*, junio, 2016. https://www.ted.com/talks/cal_newport_why_you_should_quit_social_media.

atención es el nuevo petróleo en la industria de la tecnología. Quien tenga más de este nuevo petróleo, va a ser más poderoso. Quien tenga una mayor cuota de nuestro corazón, de nuestra atención, será como un dios el día de hoy.

EL COMIENZO DE LA DEVOCIÓN

Para mí como cristiano, esto es en extremo importante porque, como escribió la poeta Mary Oliver, «la atención es el comienzo de la devoción».[21] Esto aplica a todas las áreas de la vida. No puedo ser más cautivado por la belleza de mi esposa si no le doy más de mi atención para verla. No puedo ser cautivado por una obra musical preciosa si mis oídos no están atentos a ella. No puedes ser avivado para estar entregado a algo si no le das atención, y lo mismo ocurre con Dios.

«Nuestra distracción parece indicar que somos agnósticos sobre la pregunta de a qué vale la pena prestar atención —es decir, qué vale la pena valorar».[22] El cristianismo enseña que no puedes vivir con gozo y cumplir el propósito de tu vida si Dios no es tu mayor deleite, y Él no será tu mayor deleite si no le das tu atención. No podrás conocer Su belleza, apreciar cada día más el sonido de Su voz y ser avivado por Él. ¿Pero cómo vivir en devoción a Dios cuando las redes sociales, casi omnipresentes en nuestra cultura, quieren dirigir nuestra atención

21. Citado en: Franklin Foer, "Attention Is the Beginning of Devotion", *The Atlantic*, 9 de mayo, 2019. https://www.theatlantic.com/technology/archive/2019/05/mary-olivers-poetry-captures-our-relationship-technology/589039/.

22. Matthew Crawford, *The World Beyong Your Head: On Becoming and Individual in an Age of Distraction* (New York: Farrar, Straus and Giroux, 2015), 5. La frase en su contexto no tiene que ver específicamente con las redes sociales, pero Crawford en su libro apunta una y otra vez a la importancia de reconocer el valor de nuestra atención y los peligros de vivir en una era de distracciones.

a otra parte? ¿Cómo procurar tener tu mayor deleite en el Señor y así vivir para Su gloria, cuando al mismo tiempo las redes sociales quieren y pueden manipular tus deseos debido a la tecnología que emplean y la información que tienen sobre nosotros?

Eso es lo que busco entender en el resto del libro, y espero ser útil tanto a creyentes como a no creyentes. Por ahora, es importante comprender las dimensiones de la batalla en la que estamos. Una vez más, esto no significa que todos deberíamos decir adiós a las redes sociales. Es posible tener presencia en las redes sociales y al mismo tiempo conducirnos con sabiduría en nuestra era. Estar conectados no tiene que hacernos menos espirituales. Además, esto tampoco significa que debemos pensar que toda la gente que trabaja en las empresas detrás de las redes sociales es cruel y quiere lo peor para nosotros de manera intencional, como unos Lex Luthors de la vida real. Hay personas en la industria que son sinceras al buscar construir lo que entienden que es un mundo mejor, con la influencia y poder que tienen.

Pero la visión de muchos de ellos no necesariamente se ajusta a una forma de ver el mundo que vele por el verdadero bienestar de la humanidad. En ese sentido, el cristianismo marca un contraste radical. Considera las palabras del Señor: «Y ahora, Israel, ¿qué requiere de ti el Señor tu Dios, sino que temas al Señor tu Dios, que andes en todos Sus caminos, que lo ames y que sirvas al Señor tu Dios *con todo tu corazón* y con toda tu alma...?» (Deut. 10:12, énfasis añadido). La Biblia enseña que Dios quiere nuestro corazón, y esto es bueno porque fuimos hechos para eso, y solo así seremos felices, porque solo en Él podemos tener el mayor gozo que podemos experimentar.

Además, la fe cristiana enseña que, cuando Dios es el centro de nuestra vida, el amor al prójimo fluye naturalmente como un reflejo del amor de Dios en nosotros. Nuestro amor hacia otros es un desbordamiento del gozo de Dios en nuestra vida, porque cuanto más satisfechos estamos en Dios y tenemos nuestra atención puesta en Él, más compasivos seremos al reflejar Su compasión (2 Cor. 8:2).[23] Seremos menos egocéntricos, más generosos, más amorosos. Y todos necesitamos ser así en este mundo lleno de caos, egoísmo y confusión.

DONDE ESTÉ TU TESORO...

Las palabras de Jesús en Mateo 6:21 son cruciales para nosotros en este punto: «Porque donde esté tu tesoro, allí estará también tu corazón». Jesús dijo esto inmediatamente después de enseñar la importancia de vivir para Dios y no para la aprobación del hombre (Mat. 6:1-18), y antes de hablar sobre el atractivo del dinero y las riquezas terrenales para nosotros.[24] Sin embargo, las implicaciones de estas palabras son más extensas de lo que pensamos. El erudito William Hendriksen lo explica así:

> Si el verdadero tesoro de una persona, su meta final en todos sus esfuerzos, es algo que pertenece a esta tierra —la adquisición de dinero, fama, popularidad, prestigio,

---

23. Para más sobre esto, véase: John Piper, *Sed de Dios* (Barcelona: Publicaciones Andamio, 2015), 109-144.

24. En Mateo 6:1-18, Jesús habla sobre la recompensa efímera que reciben las personas que hacen prácticas piadosas (como dar limosnas, orar y ayunar) para ser vistos y aprobados por los hombres —siendo esa misma aprobación la única recompensa que tendrán—, en contraste con la recompensa eterna y en el cielo para quienes obran las mismas cosas sin buscar fama terrenal por ellas (Mat. 6:1-18).

poder— entonces su corazón, el centro mismo de su vida (Prov. 4:23), será completamente absorbido por ese objetivo mundano. Todas sus actividades, incluyendo aun las así llamadas actividades religiosas, estarán subordinadas a esta única meta. Por otra parte, si por un sentido de sincera y humilde gratitud a Dios ha hecho del reino de Dios su tesoro, esto es, el reconocimiento glorioso de la soberanía de Dios en su propia vida y en toda esfera, entonces es *allí* donde estará su corazón.[25]

A la luz de esta realidad, ¿en serio queremos que nuestra vida esté cada día más subordinada a las redes sociales y a lo que ellas puedan darnos? ¿Queremos ser absorbidos por ellas? Estas preguntas se harán más relevantes con el correr de los días.

Los cristianos entendemos que, desde que la maldad entró al mundo bueno que Dios hizo, siempre ha habido herramientas que pueden servir para lo bueno y para lo malo, e ídolos a los cuales podemos dar nuestra atención y devoción. Las amenazas del mal uso de las invenciones humanas no son nuevas para nosotros. Pero no debemos ignorar que nunca hemos tenido algo con tanto potencial como la tecnología actual (en especial las redes sociales y los videojuegos) para cautivarnos y distraernos de la vida para la que fuimos hechos.

En particular, como propongo en los próximos dos capítulos, necesitamos entender cómo las redes sociales nos cambian al aprovechar dos realidades en nuestro corazón: nuestra sed por aprobación y nuestra sed de distracción. Necesitamos

25. William Hendriksen, *Comentario al Nuevo Testamento: El Evangelio según San Mateo* (Grand Rapids, MI: Libros Desafío, 2007), 362.

pensar en esto con urgencia. De lo contrario, seremos más susceptibles a ser consumidos. Tal y como el corazón de Gollum fue consumido por el poder del anillo único.

— 2 —

CAMBIADOS POR LOS «ME GUSTA»

EL 17 DE NOVIEMBRE DE 2005 marcó un antes y después en la Internet. Casi nadie lo supo entonces, pero en la tarde de ese día alguien presionó por primera vez un botón «me gusta» en la web. Ocurrió en *Vimeo*, un sitio web para compartir vídeos en línea. El propósito del botón, según sus diseñadores, era presentar una alternativa más casual al botón para guardar algo como «favorito».[1] Desde entonces, el botón «me gusta» no hizo más que multiplicarse en la Internet y en nuestra vida. Hoy tal vez podamos entender aquel momento como la apertura de una caja de Pandora: una acción pequeña e inofensiva con consecuencias nefastas.

Cuando Facebook añadió un botón «me gusta» a su plataforma cuatro años después, las personas llegaron a tener

---

1. John Patrick Pullen, «How Vimeo became hipster YouTube», *Fortune*, 23 de febrero, 2011. https://fortune.com/2011/02/23/how-vimeo-became-hipster-youtube/.

por primera vez un sistema métrico para la popularidad de un contenido particular. Así nació un nuevo vicio. El botón fue diseñado estratégicamente para ayudarnos a tratar de satisfacer nuestra sed de aprobación y alabanza al explotar una característica común en nosotros, y al contribuir a que nos «enganchemos» a las redes sociales.[2] En palabras de un presentador de televisión años atrás:

> Los magnates de las redes sociales tienen que dejar de fingir que son dioses *nerds* amigables para construir un mundo mejor y admitir que solo son cultivadores de tabaco con camisetas que venden un producto adictivo a los niños. Porque, seamos sinceros, revisar los "me gusta" es el nuevo hábito de fumar.[3]

LA CIENCIA SOMBRÍA DEL BOTÓN «ME GUSTA»

El párrafo inicial de un artículo en *The Guardian* nos ayuda a entender esto:

> En un ataque de sinceridad sin precedentes, Sean Parker, el presidente fundador de Facebook, de 38 años, admitió recientemente que la red social se fundó no para unirnos, sino para distraernos. «El proceso de pensamiento fue: ¿Cómo consumimos la mayor cantidad de tu tiempo y atención consciente posible?», dijo en un evento [...]. Para

---

2. Algunas ideas sobre el botón «me gusta» en este capítulo aparecieron primero en mi artículo: «La vida es más que acumular likes en redes sociales», publicado el 7 de mayo de 2019 en mi blog personal. https://josuebarrios.com/la-vida-es-mas-que-acumular-likes-redes-sociales/.

3. Citado en: Cal Newport, *Digital Minimalism: Choosing a Focused Life in a Noisy World* (New York: Portfolio/Penguin, 2019), 18.

lograr este objetivo, los arquitectos de Facebook explotaron una «vulnerabilidad en la psicología humana», explicó Parker [...]. Cada vez que a alguien le gusta o comenta una publicación o fotografía, dijo: «Nosotros [...] le damos [a la persona que recibe el «me gusta» o comentario] un pequeño golpe de dopamina». Facebook es un imperio de imperios, entonces, construido sobre una molécula.[4]

La dopamina es un neurotransmisor importante en nuestro cuerpo. «Es la sustancia química que media el placer en el cerebro. Su secreción se da durante situaciones agradables y le estimula a uno a buscar aquella actividad u ocupación agradable. Esto significa que la comida, el sexo y varias drogas de las que se puede abusar son también estimulantes de la secreción de la dopamina en el cerebro...».[5] Así la dopamina resulta importante en la creación de hábitos. Y cuando recibimos un «me gusta», la circulación de dopamina es estimulada en nosotros llevándonos a desear más «me gusta».

Como siempre hay algo de dopamina fluyendo en nosotros, cuando hay un desbordamiento de dopamina debido a alguna sustancia o experiencia que nos dio mucho placer (como recibir toneladas de «me gusta» cuando cumplimos años o subimos una fotografía desde una playa a Instagram), el cerebro lo interpreta como un error. Lo hace por nuestra salud mental. ¿Qué ocurre entonces? Producimos menos dopamina

---

4. Simon Parkin, «Has dopamine got us hooked on tech?», *The Guardian*, 4 de marzo, 2018. https://www.theguardian.com/technology/2018/mar/04/has-dopamine-got-us-hooked-on-tech-facebook-apps-addiction.

5. Ananya Mandal, «Las funciones de la dopamina», *News Medical*, actualizado por última vez el 9 de abril, 2019. https://www.news-medical.net/health/Dopamine-Functions-(Spanish).aspx.

para mantener un balance saludable en el cuerpo. Así nuestro cuerpo nos ayuda, en cierto modo, a tener los pies sobre la tierra.[6] Esta es una explicación, bastante simplificada, de cómo nuestro cuerpo balancea la dopamina dentro de él luego de recibir una dosis alta.

Pero aquí está el problema en el que podemos caer con facilidad: la única manera de volver a subir el nivel de dopamina a su pico alto es con una mayor dosis de la experiencia o sustancia, que luego será seguida por una disminución en la producción, y así, en resumen, se crea un círculo vicioso o hábito. Esto explica a nivel químico por qué las personas que se apasionan con los «me gusta» se vuelven cada vez más obsesivas con ellos. ¿Y sabes qué más funciona de manera similar? La heroína, solo que en una escala mayor.[7]

Tal vez tú no tienes esta obsesión por los «me gusta». ¡Me alegro por ti! Pero las redes sociales están *diseñadas* para incentivarla. Puede pasarte si te descuidas. Lo peor sobre esto es que, incluso si el botón o el número público de los «me gusta» que recibimos en una publicación desaparecieran, las redes sociales tienen muchos otros elementos que nos llevan a dedicar nuestra atención a ellas apelando a nuestro deseo de aprobación humana. Es una sed arraigada en lo más profundo de nosotros y que en nuestra cultura es común explicarla como una consecuencia de tener «baja autoestima». Si nos quisiéramos o valoráramos más a nosotros mismos —es la idea común—, entonces no dependeríamos tanto de las personas para ser felices.

---

6. Adam Alter, *Irresistible: The Rise of Addictive Technology and the Business of Keeping Us Hooked* (New York: Penguin Books, 2018), 71-72.

7. Ibid.

Más adelante veremos cómo la razón que da la Biblia para nuestra sed de aprobación es radical en nuestra cultura. Por ahora, te invito a considerar conmigo cinco formas, relacionadas entre sí, en que las redes nos afectan y cambian nuestra manera de ver al mundo al aprovechar nuestra sed de aprobación.

1. Nos volvemos adictos a la aprobación social

Los «me gusta» que recibimos, la facilidad que las redes nos presentan para compararnos con otras personas, lo gratificante que se siente recibir comentarios positivos..., todo esto puede fascinar a cualquiera. Así que muchos de nosotros somos atraídos como polillas a la luz eléctrica (o a una trampa irradiante para polillas).

Adam Alter, profesor de psicología y mercadotecnia de la Universidad de Nueva York, ha explicado cómo hacemos apuestas dentro de nuestra mente siempre que publicamos algo en redes sociales: *¿Cuántos «me gusta» tendré? ¿Quiénes van a comentar? ¿Quiénes van a ver mis historias? ¿O será ignorada mi publicación?*[8] Esta incertidumbre (y sus efectos en nosotros) es profundamente adictiva, como la adicción que sienten las personas por las máquinas tragamonedas en los casinos.[9]

En las apuestas de los casinos, las «victorias» obtenidas causan placer. También refuerzan la idea de que las «derrotas» valdrán la pena de alguna manera, y que cada vez se está

---

8. Ibid, 128.

9. Un punto similar fue hecho por Tristan Harris en: «How Technology is Hijacking Your Mind —from a Magician and Google Design Ethicist», *Thrive Global,* 18 de mayo, 2016. https://medium.com/thrive-global/how-technology-hijacks-peoples-minds-from -a-magician-and-google-s-design-ethicist-56d62ef5edf3.

más cerca de ganar el premio grande que se desea. Así que la persona continúa apostando y apostando. Y por supuesto, si se gana un premio grande, entonces la persona siente mayor deseo por volver a apostar.

Las redes sociales entienden esto. «No es casualidad que el acto físico de actualizar muchas de las aplicaciones digitales en nuestros teléfonos se asemeje a tirar y soltar las palancas de las máquinas tragamonedas».[10] Por eso las redes destacan cuántos comentarios y muestras de aprobación recibes. Nuestra sed de aprobación y disposición a seguir «apostando» es crucial en el éxito financiero de ellas. Y como Tony Reinke afirma: «Nada atrapa a las personas en patrones no saludables en redes sociales como la inseguridad personal».[11]

2. Nos volvemos más infelices

Como veremos luego con más detalle, el cristianismo enseña que es imposible que seamos felices si no vivimos conforme al diseño de Dios para nuestra vida, haciendo para Su gloria las cosas en las que estamos llamados a reflejarlo.

Cuando vivimos para la aprobación de otros en Internet, es inevitable que terminemos descuidando nuestros estudios y trabajos, nuestras vocaciones, nuestras relaciones cercanas, nuestra vida devocional e incluso nuestros tiempos de descanso y recreación. ¿Cómo podemos *descansar* en realidad, o tener momentos de deleite con una pieza de arte, o disfrutar la naturaleza y la belleza de Dios reflejada en ella si

---

10. Jay Y. Kim, *Analog Church: Why We Need Real People, Places, and Things in the Digital Age* (Downers Grove, IL: InterVarsity Press, 2020), 135.

11. Tony Reinke, *12 Ways Your Phone is Changing You* (Wheaton, IL: Crossway, 2017), 66.

nos ponemos ansiosos cuando desaparecemos algunas horas en las redes sociales y creemos perder influencia, aprobación o importancia allí?

Al mismo tiempo, ya que somos expertos en vivir centrados en nosotros mismos, nos es «natural» comparar nuestro jardín con el del vecino. En nuestra mente, somos protagonistas de la película de nuestra vida y del universo según lo percibimos. Nunca nos imaginamos como personajes secundarios, así que todo lo vemos con relación a nosotros y no con relación a Dios.[12] Entonces, cuando alguien más logra o tiene algo bueno, nuestra tendencia es pensar en *nosotros* como centro, y nos comparamos en vez de alegrarnos por la otra persona. Y ahora, como nunca en la historia, podemos comparar nuestro jardín con los de muchos más «vecinos» a través de Internet.

Como en las redes sociales las personas por lo general suben una versión maquillada de su vida, en la que todo suele lucir bien (porque eso es lo que fomentan las redes sociales al aprovecharse de nuestra sed de aprobación), es fácil hacer *scrolling* en Instagram por un par de minutos y pensar: «Mi vida es miserable en comparación a la de esta gente. No viajo tanto. Mi casa no luce tan bonita. No soy exitoso».

En su libro *El efecto de la felicidad: Cómo las redes sociales impulsan a una generación a parecer perfecta a cualquier costo*, la investigadora Donna Freitas, del Centro Notre Dame para el Estudio de la Religión y la Sociedad, presenta lo que aprendió luego de años de estudiar el efecto de las redes sociales en los jóvenes. Sus conclusiones incluyen esto:

---

12. Matthew McCullough, *Remember Death: The Surprising Path to Living Hope* (Wheaton, IL: Crossway, 2018), 60.

Los Facebook e Instagram de hoy son como los grandes y nuevos bulevares de las ciudades modernas aún incipientes: son espacios públicos para que todos puedan pasear de la mejor manera, para exhibir sus romances y sus familias y [lo mejor de su vida], para mostrar con orgullo sus riquezas y logros, para inspeccionar y reconocer a los que están vestidos de manera similar y a los afortunados, así como mirar hacia abajo a los menos afortunados e incluso darles la espalda a aquellos a quienes simplemente no quieren ver.[13]

Uno de los principales efectos de esto es que vivimos sintiéndonos inferiores a muchas más personas que antes. Esto tiene el poder de hacernos sentir miserables. Como añade Freitas:

No necesitamos de las redes sociales para compararnos con otras personas o preocuparnos por las respuestas de los demás a lo que decimos o hacemos. Participar en competiciones de estatus no es nada nuevo. [...] Comparamos nuestro aspecto, nuestros peinados, nuestras oportunidades, nuestros amigos, nuestros éxitos y fracasos, a dónde hemos viajado (o no), a dónde hemos ido a la escuela, de dónde somos, nuestra ropa y todo tipo de objetos materiales. La lista sigue y sigue. Buscamos aprobación y afirmación todo el tiempo.

La diferencia con las redes sociales es que parecen expresamente diseñadas para este propósito de pavonearse, presumir y jactarse de todo lo que uno es, tiene y hace, así como para que otros juzguen estas cosas. Facebook es la CNN de la

---

13. Donna Freitas, *The Happiness Effect: How Social Media is Driving a Generation to Appear Perfect at Any Cost* (New York: Oxford University Press, 2017), 251.

envidia, una especie de ciclo de noticias 24/7 de quién es genial, quién no, quién está arriba y quién está abajo. En el proceso de mostrar nuestros éxitos y demostrar cuán felices somos, también nos estamos exponiendo al carril de las cosas destacadas de los demás y a la posibilidad de rechazo. A menos que tengas una autoestima sólida como una roca, seas insensible a los celos o tengas una capacidad extraordinariamente racional para recordar exactamente lo que todos hacen cuando publican sus glorias en las redes sociales, es difícil no preocuparte.[14]

Hemos visto dos formas en que las redes nos afectan y cambian al aprovechar nuestra sed de aprobación. Veamos una tercera.

3. Nos volvemos más solitarios

«La tecnología es seductiva cuando lo que ofrece se encuentra con nuestras vulnerabilidades humanas», afirma Sherry Turkle (tal vez la principal experta en el mundo sobre cómo la tecnología afecta nuestras relaciones). «Y resulta que somos muy vulnerables. Somos solitarios, pero tememos la intimidad. Las conexiones digitales [...] pueden ofrecer la ilusión de compañía sin las demandas de la amistad. Nuestra vida en red nos permite escondernos unos de otros, incluso cuando estamos atados el uno al otro».[15]

Esto es evidente en una de las ironías más grandes de las redes sociales: ellas suelen empujarnos a vivir más «cerca» de

---

14. Ibid, 39.
15. Sherry Turkle, *Alone Together: Why We Expect More from Technology and Less From Each Other, Revised and Expanded Edition* (New York: Basic Books, 2017), 1.

personas que están lejos, y más «lejos» de las personas que en realidad tenemos cerca y que Dios nos llama a priorizar en nuestra vida. ¿Cómo hacen las redes esto? Bueno, nos dan contenido adictivo que nos entretiene, a tal punto que en muchos hogares las personas pasan más tiempo viendo sus pantallas que hablando entre ellas. Pero también lo hacen al hacernos llegar fácilmente una aprobación que no siempre recibimos de las personas cercanas a nosotros en el hogar, el trabajo, el lugar de estudio o la iglesia.[16]

Gracias a unos simples «me gusta», podemos sentirnos cercanos a quienes les gusta la versión editada que presentamos de nosotros. Al mismo tiempo, solemos olvidar que en redes sociales también vemos la versión editada de la vida de los demás, incluyendo a las personas que pensamos que nos agradan. Es decir, a la gente le agrada la idea que tiene de nosotros mientras a nosotros nos agrada la idea que tenemos de otros, en vez de sentir simpatía genuina y mutua por quienes somos *en realidad*. ¡Y qué deplorable es confundir esto con verdadera cercanía, amistad o aprecio! En especial por lo atractivo que resulta esta clase de «amistad» sin demandas y responsabilidades mutuas.

Entonces, el hombre que no se siente respetado por su esposa puede sentirse más cercano a amigas en Internet que compartan sus gustos y dejen comentarios positivos en sus publicaciones. La adolescente rebelde que es confrontada por sus padres, a quienes considera «aburridos», puede menospreciar a su familia y preferir pasar el día en Instagram con sus «verdaderos amigos». Podemos pensar en más ejemplos, pero ya entiendes el punto. Incluso en las iglesias, el líder joven

---

16. Reinke, *12 Ways*, 69-72.

dotado para la enseñanza que se siente relegado o menospreciado puede refugiarse en las redes sociales, donde es fácil sentirnos comprendidos y populares.

Recordemos también que en Internet es más fácil ocultar nuestras fallas que en la vida *offline*, y también nuestras equivocaciones. Podemos releer y editar nuestros mensajes de texto antes de pulsar «enviar». Es sencillo regrabar un mensaje o vídeo hasta que quede «bien» antes de enviarlo por WhatsApp o publicarlo en Instagram. Entonces, chatear con personas a cientos de kilómetros puede sentirse más fácil, y en un comienzo hasta más «perfecto», que lidiar con el pecado y las torpezas en nuestras relaciones más cercanas.

Una de las peores consecuencias de esto es que nos condena a una inmadurez perpetua. Como dice la Biblia en Proverbios 27:17: «El hierro con hierro se afila, y un hombre aguza a otro». Dios usa los momentos difíciles en nuestras relaciones (en la casa, el trabajo, la iglesia y cualquier otra parte) para afilarnos y hacernos crecer. Para llevarnos a ser más simpáticos y pacientes con otros, y más realistas con nuestros errores. Y así las redes sociales no solo nos hacen más solitarios, sino que también nos hacen más hipersensibles cuando somos criticados por otros, pues nos acostumbramos a evitar la confrontación que nos puede edificar y que es inevitable cuando entablamos amistades reales y cercanía con otras personas.

4. *Nos volvemos mentirosos e hipócritas*

Ya que las redes sociales son un medio rápido para buscar satisfacer nuestra sed de aprobación, somos tentados a señalar en ellas nuestra virtud ante los demás, como los fariseos a quienes Jesús confrontó mientras estuvo en la tierra. Ellos eran la élite religiosa del pueblo judío en aquellos días, pero toda su aparente bondad y justicia era solo una fachada. Ellos presumían lo «bueno» que eran en las sinagogas y en las esquinas de las calles; nosotros en la web.

Cada uno de nosotros es su propia «marca personal» en Internet, y somos invitados a promocionarnos. Podemos vernos inclinados a mostrarnos más inteligentes sobre un tema, más virtuosos y morales de lo que realmente somos. Por ejemplo, ya es normal ver cómo muchas personas en la web se presentan como expertos en temas en los que no lo son. No es malo en sí mismo hablar sobre algo que estamos descubriendo y nos apasiona. Pero hoy cualquiera puede presentarse de la noche a la mañana como una autoridad en algo (ya sea política, sexualidad, liderazgo, plantación de iglesias, tecnología, etc.) para ganar más aprobación social y sentirse mejor, solo porque lleva unas semanas o un par de horas pensando en algún asunto en vez de años o décadas de experiencia y estudio. Así construye una pequeña torre de Babel para hacerse un nombre grande.

Esto refleja la forma sutil en que las redes sociales nos empujan a ser mentirosos para promocionar nuestra «marca». No nos gusta que nos estafen con publicidad falsa, como cuando vemos una hamburguesa de una cadena de comida que en la vida real no luce como se nos prometió en el anuncio. Pero irónicamente nuestros perfiles a menudo presentan una publicidad falsa de nosotros. Son como ese anuncio de la hamburguesa. Nuestras fotos y publicaciones son editadas y elegidas con cuidado para mantener la ilusión y ganar «me gusta».

Los cristianos, incluso los pastores, no son inmunes a esta tentación. *¿Esta fotografía hace lucir a mi iglesia o conferencia* *más pequeña de lo que quisiera? ¡Mejor publiquemos otra!* De igual forma, es fácil y atractivo publicar un tuit en el que compartimos que estamos orando por una tragedia (y así ser percibidos como espirituales y ganar «me gusta» por eso), incluso si en un par de minutos olvidamos la publicación y por qué estábamos orando (si acaso en verdad oramos). También la gratificación inmediata de compartir un versículo o pensamiento bíblico, y recibir aprobación por eso, puede hacernos sentir más piadosos de lo que somos. Publicar una verdad bíblica en Internet *siempre* es más fácil que vivir conforme a ella. Y como en realidad somos más pecadores de lo que pensamos, necesitamos reconocer esta dinámica en el corazón. ¿Cuántas veces publicamos algo «edificante» o sabio para presumir un poco de nuestra supuesta sabiduría y bondad, aunque no vivamos conforme a nuestras publicaciones? Esto es algo que todos nosotros, empezando por mí mismo, haríamos bien en preguntarnos más seguido.

Nuestro Señor nos llama a vivir primero para el ojo de Dios y no para el ojo de los demás.[17] «Cuídense de no practicar su justicia delante de los hombres para ser vistos por ellos; de otra manera no tendrán recompensa de su Padre que está en los cielos» (Mat. 6:1). Jesús nos recuerda esto porque nuestra tendencia es buscar la recompensa inmediata que podemos tener en este mundo, y que las redes sociales nos incentivan a desear, en vez de la recompensa que viene de Dios. Tony Reinke comenta al respecto:

---

17. ¿Qué hacemos, entonces, con los pasajes bíblicos en los que Pablo parece recordar su virtud ante los demás? Recomiendo leer las palabras de John Piper al respecto, citadas por Justin Taylor en: «Jesus, Paul, and Virtue Signaling on Twitter.com», *Between Two Worlds*, 24 de junio, 2019. https://www.thegospelcoalition.org/blogs/justin-taylor/jesus-paul-virtue-signaling-twitter-com/.

Imagina reservar unas pocas semanas de tus vacaciones de verano para viajar por caminos de tierra y toparte con ruidosos *jeeps* que se adentran en remotas aldeas de la jungla en América Central. Corres el riesgo de fiebre, enfermedades e insolación, todo para ayudar a construir un orfanato para 20 niños desamparados. Al final del mes, das un paso atrás, te tomas una *selfie* con tu trabajo en segundo plano y lo publicas con orgullo en Facebook. ¡Puf! La recompensa se ha ido. Piénsalo. En una *selfie* de «alardeo humilde», se hace el intercambio: se vende la recompensa eterna de Dios por la papilla de unos ochenta «me gusta» y doce comentarios de alabanza. (El contexto no es el punto; hacemos lo mismo con imágenes de una Biblia abierta en una cafetería). [...] Debemos estar de acuerdo en que, en un nivel, Jesús dijo que publicar nuestras buenas obras *online* para que nuestros seguidores las vean es toda la recompensa que tendremos.[18]

Lo peor de esto es que la aprobación de los demás nunca parece ser suficiente, y por eso somos empujados a un círculo vicioso. ¿Por qué sentimos que nunca nos sacia? ¿Por qué cuando pasa la emoción del flujo de dopamina nos volvemos a sentir inseguros? En parte, porque los humanos somos pequeños y cambiantes. No podemos estar seguros de que la aprobación que recibimos de los demás será eterna y solucione nuestros problemas. Pero, principalmente, según el cristianismo, porque *no fuimos hechos para ser satisfechos por el hombre*.

Además, el cristianismo nos hace ver que, así como las redes sociales nos motivan a ser como fariseos ante los demás,

---

18. Reinke, *12 Ways*, 75.

también podemos convertirnos en fariseos ante Dios. Por ejemplo, los creyentes podemos sentirnos superiores a otras personas y más amados por Dios debido a lo que presentamos en Internet, ya que las redes están hechas para llevarnos a tener nuestra identidad en *ellas* y no en la gracia de Dios.

Es algo serio pensar que muchas personas le dirán a Jesús en el último día: «Señor, Señor, ¿no fuimos muy espirituales en redes sociales? ¿No le dieron muchos "me gusta" a los versículos bíblicos y las frases edificantes que publicamos? ¿No éramos conocidos como creyentes piadosos en Internet?». Solo para escuchar que Jesús les diga: «Nunca los conocí a ustedes; apártense de mí...» (ver Mat. 7:21-23). El cristianismo entiende el peligro de toda hipocresía y esta es una razón poderosa para considerar su enseñanza al respecto en nuestra era de redes sociales, donde para todos es extremadamente fácil aparentar ser lo que no somos.

Examinamos cuatro maneras en que las redes nos afectan profundamente. La quinta apunta todavía más a lo profundo que pueden cambiarnos, y es una que resulta cada vez más evidente en nuestra sociedad polarizada y ruidosa.

5. Nos volvemos más odiosos

En las redes sociales no solo somos empujados a buscar la aprobación de otros al compartir una imagen agradable de nuestra vida, sino también al expresar nuestra ira e indignación (¡miren lo enojado que estoy ante esta situación mientras otros son indiferentes!).[19]

---

19. Una versión de este punto fue publicada primero en mi blog personal con el título: «Las redes sociales y nuestro odio en ellas», 7 de agosto, 2020. https://josuebarrios .com/redes-sociales-y-nuestro-odio/.

Por eso las «discusiones políticas en línea (a menudo entre desconocidos anónimos) se experimentan como más enojadas y menos civiles que las de la vida real; redes de partidarios crean juntos cosmovisiones que pueden volverse cada vez más extremas; florecen las campañas de desinformación; las ideologías violentas atraen a los reclutas», afirman Jonathan Haidt, un célebre psicólogo social y autor, y Tobias Rose-Stockwell, escritor sobre la ética en la tecnología.[20] Ellos explican:

El problema puede no ser la conectividad en sí, sino la forma en que las redes sociales convierten tanta comunicación en una actuación pública. A menudo pensamos en la comunicación como una calle de doble sentido. La intimidad se desarrolla a medida que los socios se turnan, se ríen de los chistes de los demás y hacen revelaciones recíprocas. Sin embargo, ¿qué sucede cuando las tribunas se erigen a ambos lados de esa calle y luego se llenan de amigos, conocidos, rivales y extraños, todos juzgando y ofreciendo comentarios?

El psicólogo social Mark Leary acuñó el término *sociómetro* para describir el indicador mental interno que nos dice, momento a momento, cómo nos está yendo a los ojos de los demás. Leary argumentó que realmente no necesitamos autoestima; más bien, el imperativo [...] es lograr que otros nos vean como socios deseables para varios tipos de relaciones. Las redes sociales, con sus exhibidores de «me gusta», amigos, seguidores y *retuits*, han sacado

---

20. Jonathan Haidt y Tobias Rose-Stockwell, «The Dark Psychology of Social Networks: Why it feels like everything is going haywire», *The Atlantic*, diciembre, 2019. https://www.theatlantic.com/magazine/archive/2019/12/social-media-democracy/600763/.

nuestros *sociómetros* de nuestros pensamientos privados y los han publicado para que todos los vean.

Si constantemente expresas enojo en tus conversaciones privadas, es probable que tus amigos te encuentren agotador, pero cuando hay una audiencia, los beneficios son diferentes: la indignación puede aumentar tu estatus.[21]

Hablar mal contra otras personas o cosas que no te gustan en Internet es fácil. Y siempre hay personas que pueden estar de acuerdo contigo y darte un «me gusta», reafirmando tus convicciones y motivándote a seguir despotricando para elevarte a ti mismo ante los demás. De hecho, el contenido negativo, polémico e impactante siempre se difunde con más facilidad en redes sociales debido a la forma en que ellas funcionan, ya que es el contenido que gatilla con mayor facilidad reacciones de nuestra parte y atrapa nuestra atención. De nuevo, esto ocurre por diseño. Los algoritmos que controlan lo que miras priorizan lo que más llamará tu atención.

De esa forma, las redes sociales nos empujan a ser «pirómanos que compiten para crear las publicaciones e imágenes más incendiarias [...]. Los matices y la verdad son víctimas en esta competencia para obtener la aprobación de la audiencia».[22] Vemos a figuras públicas —desde presidentes a estrellas de cine— metidas en esto, pero el problema también nos alcanza a nosotros. «Las fuerzas normales que podrían impedir que nos unamos a una multitud indignada, como el tiempo para reflexionar y refrescarnos, o los sentimientos de empatía por una persona humillada, se atenúan cuando no podemos ver

---

21. Ibid.
22. Ibid.

la cara de la persona, y cuando se nos pide, muchas veces al día, que tomemos un lado al "darle me gusta" públicamente a la condena».[23]

Por supuesto, debemos levantar nuestra voz contra las cosas que vemos mal en nuestro mundo. Sin embargo, necesitamos estar alertas al hecho de que señalar la falta de alguien en redes sociales siempre es más fácil que examinar primero nuestro propio corazón y reconocer nuestros propios problemas (comp. Mat. 7:3-5). Señalar primero las fallas de otros puede ser otra manera de justificarnos a nosotros ante Dios y las personas. Puede ser una forma de hablar como fariseo (Luc. 15:11-12). Esto resulta atractivo a toda hora y al alcance de nuestros dedos sobre el teléfono.

En conclusión, las redes sociales nos empujan a ser personas más odiosas y desagradables, nos identifiquemos como religiosos o no. Aunque los *CEO* de las redes sociales han expresado que desean acabar con este efecto particular que ellas promueven, esta realidad permanece hoy como una de sus peores características... y una de las más tóxicas en nuestros días.[24]

NECESITAMOS LO QUE PABLO TENÍA

Nada de esto significa que las redes sociales sean malas en sí mismas. De hecho, Jesús nos lleva a concluir que sería simplista culpar a las redes sociales por las cosas malas que hay en nosotros (Mat. 15:10-20). Según la Biblia, el principal

---

23. Ibid.

24. Por ejemplo, Jack Dorsey (*CEO* de Twitter) en la entrevista para TED: «How Twitter Needs to Change», 7 de junio, 2019. https://www.youtube.com /watch?v=BcgDvEdGEXg.

problema es nuestro corazón. Las redes sociales no tendrían el efecto que tienen en nosotros si viviéramos con más sabiduría y gozo en Dios. Por eso escribir estas páginas ha sido, por momentos, difícil para mí. Doy gracias a Dios por Su obra en mí hasta ahora, pero aún lucho con muchas de las cosas que mencioné en este capítulo.

Si somos creyentes, entender cómo las redes sociales aprovechan nuestra atracción por la aprobación, y resistir las tentaciones que nos presentan, no solo es importante para nuestro crecimiento espiritual según la Biblia. También es crucial para testificar de Cristo en nuestra generación. Toda nuestra autojustificación, falta de amor a otros y vanidad en redes contribuye a que el resto del mundo nos mire con indiferencia y piense: «¿En serio eso es el cristianismo? ¡Pero si ellos viven igual que nosotros, con motivos orgullosos y preocupándose de las apariencias!».

Y si en las redes sociales los cristianos aparentamos que somos muy buenos y que siempre nos va bien, ¿cómo entenderá el mundo que el evangelio también es para los que tienen días malos y no son tan buenos? ¿Cómo podrá creer la gente que nosotros también necesitamos a Jesús? De hecho, si el poder de Dios en nosotros se evidencia en medio de nuestras debilidades, aparentar ser fuertes (dentro y fuera de Internet) es una receta segura para no darle a Dios la adoración en nuestra vida y perder oportunidades de conocer más el poder de Su gracia (2 Cor. 12:9-10).

Por eso me impacta el ejemplo del apóstol Pablo, uno de los autores guiados por Dios para escribir el Nuevo Testamento. La vida de este hombre era contracultural en sus días y lo sigue siendo ahora. «La mayoría de las personas van a través de sus vidas con miedo a que la gente no piense lo suficiente de ellas; Pablo fue a través de su vida con miedo de que la gente pensara mucho de él (2 Cor. 12:5-6)».[25] Y la clave de Pablo no estaba en que él tenía una gran «autoestima», pensando mucho de sí mismo, como nuestra cultura promueve (curiosamente, varias generaciones pasadas a la nuestra entendieron que una visión muy alta de nosotros mismos es un síntoma de orgullo y suele promover maldad en el mundo).

En una de sus cartas, Pablo dijo algo radical para nosotros: «En cuanto a mí, es de poca importancia que yo sea juzgado por ustedes o por cualquier tribunal humano. De hecho, ni aun yo me juzgo a mí mismo. Porque no estoy consciente de nada en contra mía. Pero no por eso estoy sin culpa, pues el que me juzga es el Señor» (1 Cor. 4:3-4). Para este hombre, lo importante no era lo que la gente pensara de él, y *tampoco* lo que él pensara de sí mismo. En cambio, lo importante era el veredicto de Dios. Así Pablo experimentó la libertad del olvido de sí mismo.[26]

Si estamos en enemistad contra Dios por nuestra rebelión, como la Biblia enseña, saber que Él es el juez del universo y Aquel cuyo veredicto realmente cuenta eternamente es algo que no debería dejarnos dormir tranquilos en las noches. Pero si Dios nos declara justos ante Él, y nos perdona siendo nosotros pecadores, ¿hay alguna otra aprobación que pueda satisfacernos más?

Antes de ver cómo somos declarados justos ante Él, y cómo esto debe cambiar nuestra forma de usar las redes sociales, necesitamos dar una mirada a otras maneras profundas en

25. D. A. Carson, *Memoirs of an Ordinary Pastor* (Wheaton, IL: Crossway, 2018), 131.
26. Timothy Keller, *The Freedom of Self-Forgetfulness* (10Publishing, 2012).

que las redes sociales nos cambian. Hablaremos en el siguiente capítulo sobre cómo distorsionan nuestra visión de la realidad y socavan nuestra capacidad para el pensamiento profundo. Mientras tanto, te animo a preguntarte: ¿cómo viviríamos si tuviéramos la aprobación de Dios y fuéramos conscientes de esa realidad? ¿No marcaría un antes y un después *en nosotros*? A fin de cuentas, cuando tienes el «me gusta» de Dios, ¿qué tan importante es el «me gusta» de los demás?

— 3 —

CAMBIADOS POR LA DISTRACCIÓN

NAVEGAR EN LAS REDES SOCIALES puede sentirse como estar en una montaña rusa de emociones. Estás pasando el rato allí y, de repente, miras la imagen de un terremoto, una protesta, refugiados sufriendo injusticias o la noticia de un asesinato. Puedes toparte con imágenes que exponen racismo, los últimos escándalos sexuales en el mundo y la realidad de la corrupción en la política en muchos países. También puedes encontrar disputas entre personas y una nueva polémica servida y magnificada en redes sociales.

Como mencionamos, las redes sociales están diseñadas para mostrarte el contenido más «relevante» para ti. A menudo, ese contenido son noticias negativas, ya que son las que gatillan nuestras emociones y generan reacciones con más facilidad. Sin embargo, si seguimos haciendo *scrolling* en nuestras redes sociales, en cuestión de segundos podemos pasar de lo triste y provocador a lo trivial. La montaña rusa avanza.

Podemos ver una foto de un desastre natural afectando a miles de personas y, con solo mover nuestro pulgar en la pantalla de nuestro teléfono, pasamos a lo siguiente que nos presentan redes como Facebook o Twitter: un gato tocando el piano, una *selfie* graciosa de un amigo o un meme que te hace reír por un par de segundos. Después, es posible que pasemos a prestar nuestra atención a otra nueva noticia negativa o presentada adrede para desatar nuestra indignación. O puede que pasemos a algo serio que resulte positivo. Algo como un versículo bíblico que resulta inspirador o una buena noticia compartida por una familia cercana a ti.

Segundos después, la montaña rusa continúa. Nuestros ojos pasan a estar atentos a otra noticia negativa, otro meme absurdo u otra pelea ridícula en redes sociales.[1] Las «historias» y publicaciones efímeras en redes sociales llevan esto a otro nivel. No suena descabellado decir que nuestra generación tal vez sea la más distraída y desenfocada de la historia. ¿Cómo nos está cambiando esta montaña rusa?

UNA MIRADA A LOS EFECTOS SECUNDARIOS

Para empezar, hay que decir que la montaña rusa es adictiva. Está diseñada a la perfección para entretenernos, de nuevo, como las máquinas tragamonedas en un casino. Nunca sabemos exactamente qué encontraremos y cómo seremos

---

1. Ni hablar de cómo, si no tienes cuidado con tu uso de las redes sociales, puedes toparte con una frase bíblica seguida de una fotografía o publicidad de una persona con poca ropa.

recompensados por mirar, y esto nos impulsa a «bajar la palanca» una y otra vez. En nuestras *apps* de redes sociales, esto sería refrescar nuestra vista de publicaciones recientes y ver qué hay de nuevo.

Por eso a veces experimentamos lo que se conoce como síndrome *FOMO* (*Fear of Missing Out*, que significa: «miedo a perdernos algo»): deseamos estar continuamente conectados y al día; tememos ser dejados afuera de las «conversaciones». Esta es una razón por la que es más fácil y atractivo entrar en redes justo al despertar en las mañanas que hacer otra cosa más productiva, y por la que a muchos de nosotros se nos dificulta no entrar en redes en nuestras horas de descanso.

También podemos señalar lo exhaustos que esta montaña rusa nos deja. Por ejemplo, cuando las noticias negativas son destacadas ante nuestros ojos, pueden dejarnos ansiosos, deprimidos y preocupados. Si quieres comprobar qué tan mal está el mundo y deprimirte con facilidad, a veces solo necesitas ver los temas tendencias en redes sociales.

No es malo estar al tanto de las cosas que están mal en nuestro planeta. Pero a diferencia de las generaciones pasadas, podemos sentir que llevamos sobre nosotros el peso del mundo porque *constantemente* estamos conscientes no solo de los problemas cercanos a nosotros, sino también de los que están a miles de kilómetros. Las noticias negativas nunca paran, y toda clase de activistas detrás de *hashtags* virales compiten por ser relevantes y reclutarnos en sus agendas. Esto resulta agotador y a menudo nos causa ansiedad.

Nuestro miedo a perdernos algo y la sensación agotadora que pueden brindarnos las redes sociales son solo la punta del iceberg sobre cómo nos están cambiando y, como mencionamos antes, todavía tenemos mucho por aprender al respecto.

Sin embargo, en este capítulo quisiera enfocarme en solo dos maneras en que la distracción incesante, propia de las redes sociales, nos está transformando de maneras profundas.

1. Nuestra visión del mundo es distorsionada

Cuando las redes sociales te presentan lo trivial, lo indignante o exagerado, y lo verdadero y bueno *de la misma manera*, están entrenándote para pensar que todas esas cosas están en el mismo nivel de importancia y son expuestas para tu entretenimiento. El versículo bíblico, el gato tocando piano, y el último escándalo político, todos son presentados como si fueran igual de relevantes a tus ojos. ¿El efecto de esto? Se distorsiona nuestra visión del mundo como cuando un espejo de la feria te muestra las cosas más grandes o pequeñas de lo que realmente son. En el contexto de una feria, esto resulta divertido. Pero ver la vida de esta forma por medio de nuestras pantallas es algo mucho más serio.

Además, la distorsión en nuestra visión es ampliada por las «cámaras de eco» que existen en las redes sociales para nuestro entretenimiento, en donde nuestras posturas y opiniones siempre son reafirmadas mientras no escuchamos a quienes piensan distinto a nosotros. Somos seres sociales que, en un afán por vivir más seguros en un mundo tribal, nos sentimos inclinados a personas similares a nosotros en pensamiento y estilo de vida. Y como los algoritmos en las redes dan a cada usuario la clase de contenido que él desea o aprobó anteriormente, o lo ha enganchado en el pasado (sea una publicación positiva o una mala noticia), en redes sociales es demasiado fácil vivir en burbujas. Solemos ver solo una versión de las noticias que leemos. Una de las consecuencias de esto es una mayor fractura de la sociedad. ¿Y qué ocurre cuando no tenemos en cuenta esto mientras navegamos en las redes sociales? Nos separamos más aún de las personas que piensan diferente a nosotros. Por ejemplo, alguien a favor del capitalismo puede ver un video en YouTube sobre los desastres del socialismo y pensar: *¡No puedo creer que existan personas que estén a favor del socialismo! ¿Qué clase de gente puede seguir sosteniendo esa postura?* Ignorando que su vecino a favor del socialismo no ve ese mismo tipo de videos y, en cambio, recibe contenido que busca justificar una y otra vez el socialismo al presentarle los fracasos del capitalismo.

Esto ocurre no solo en política, sino también en toda clase de temas, desde crianza y tecnología, hasta identidad sexual y teología. Además, cuando tienes un mal día, puede ser placentero estar en redes sociales y sentir, gracias a las cámaras de eco, que al menos *tienes* la razón en tu forma de pensar. Es un consuelo para la persona moderna. Así crecemos en antipatía los unos hacia los otros al cultivar una visión del mundo que excluye el ejercicio de buscar entender cómo *otros* miran el mundo. Nos hacemos menos comprensivos hacia otros. En otras palabras, la existencia de las cámaras de eco en la montaña rusa diseñada para captar nuestra atención es un coctel perfecto para dañar nuestra comprensión del mundo mientras nos hacemos adictos al entretenimiento en redes sociales.[2]

---

2. Este panorama se complica más cuando consideramos que en muchas redes sociales la mayor cantidad del contenido es creado por solo una fracción muy pequeña de la población en general. Por lo tanto, la distorsión que podemos experimentar de la visión de la realidad puede ser incluso mayor de lo que pensamos con respecto al contenido que se publica en las redes. Por ejemplo, un análisis indica que en los Estados Unidos,

Todos esto contribuye a que sea difícil desarrollar conversaciones fructíferas y profundas con otras personas. Es tan divertido estar en redes sociales que las conversaciones presenciales con otras personas son difíciles de sostener si tenemos nuestros teléfonos cerca. Y estamos tan absortos en nuestras cámaras de eco que no sabemos ponernos en los zapatos del otro para buscar entender mejor cómo piensa y poder relacionarnos de maneras provechosas.

Tal vez creamos que la solución a esto consiste simplemente en ser más cuidadosos con las cuentas que seguimos y nos brindan contenido en redes sociales, y en que busquemos entender mejor cómo funcionan los algoritmos allí. ¡Por supuesto que eso sería muy útil! Es algo que recomiendo a toda persona. Pero eso no elimina un hecho ineludible: incluso sin las cámaras de eco y algunos algoritmos, la montaña rusa de contenido en redes sociales *siempre* nos brindará un entendimiento superficial de la realidad debido a las limitaciones propias del medio.

Esto fue profetizado por el sociólogo y crítico cultural Neil Postman en su libro *Amusing Ourselves to Death* («Entreteniéndonos hasta la muerte») publicado hace casi 40 años. Él fue una de las voces más importantes del siglo XX en enseñar que los medios que usamos influyen en cómo pensamos y vemos el mundo. «Cada medio, como el lenguaje mismo,

en 2019, se estimó que el 10 % de los usuarios en Twitter (para esa fecha) generaban el 80 % de todos los tuis publicados por adultos. ¡Esto es una cantidad muy pequeña de la población adulta del país cuando consideramos que solo el 22 % de ella está en Twitter! Para leer sobre este estudio mencionado, véase: Stefan Wojcik y Adam Hughes, "Sizing Up Twitter Users", *Pew Research Center*, 24 de abril, 2019. https://www.pewresearch .org/internet/2019/04/24/sizing-up-twitter-users/. Aunque no hay muchas estadísticas exhaustivas recientes y confiables sobre algunas redes sociales en Latinoamérica, es razonable esperar resultados similares en muchos de nuestros países.

hace posible un modo único de discurso al proporcionar una nueva orientación para el pensamiento, la expresión y la sensibilidad».[3] Y algunos medios, como las redes sociales, simplemente no fomentan el pensamiento serio sobre temas serios. Postman habló especialmente sobre la televisión, pero sus palabras siguen vigentes. Solo cambia «televisión» por redes sociales:

Para la televisión, el discurso se lleva a cabo en gran medida a través de imágenes visuales, es decir, que la televisión nos da una conversación en imágenes, no en palabras. La aparición del gestor de imágenes en el ámbito político y el declive concomitante del escritor de discursos atestiguan que la televisión exige un tipo diferente de contenido de otros medios. *No se puede hacer filosofía política en televisión. Su forma va en contra del contenido* (énfasis añadido).[4]

El análisis de Postman nos ayuda a entender, por ejemplo, por qué hablar de política en redes sociales es casi siempre una pérdida de tiempo, y muchos líderes políticos de hoy están más interesados en atraer la atención y lanzar eslóganes en 280 caracteres, sin explicaciones ni rendir cuentas, que en pensar seriamente y ofrecer propuestas razonables. El *medio* fomenta esta manera de expresarnos y vivir. En otras palabras, las formas de comunicación inmediatas, breves y superficiales orientan nuestro pensamiento y expresión a lo inmediato, breve y superficial.

---

3. Neil Postman, *Amusing Ourselves to Death: Public Discourse in The Age of Show Business* (Penguin Books, edición 2006), Kindle loc. 349.

4. Postman, *Amusing*, loc. 310.

Esto significa que, sin importar cuán cuidadoso seas con las cuentas que sigas en redes sociales y si los algoritmos en ellas dejan de ser tan intrusivos en lo que miras, una serie de publicaciones simples y de consumo rápido (como tuits o un carrusel de imágenes) jamás podrá darte la misma sabiduría sobre un tema que un par de libros, la experiencia de primera mano o las conversaciones profundas con otras personas. El mundo no es tan simple como parece en redes sociales, donde todo lo vemos con velocidad y sin profundad. ¡Y ni hablar más del problema ya mencionado de la falsa erudición y pericia en redes sociales! En palabras de Postman, la televisión hizo «del entretenimiento el formato natural para la representación de toda experiencia. [...] El problema no es que la televisión nos presente temas entretenidos, sino que todos los temas se presenten como entretenidos, lo cual es un problema completamente diferente».[5] De nuevo, solo cambia «televisión» por redes sociales.

Por supuesto, no podemos negar que un medio rápido de comunicación tiene sus usos favorables. Por ejemplo, las redes pueden servir para comunicarnos rápidamente con otros a distancia y expresarles afecto (aunque una llamada o conversación cara a cara siempre será más significativa para ambas partes). También pueden ayudar a los periodistas a informar de eventos actuales impactantes mientras desarrollan reportajes más extensos. Y siendo sinceros, no todos tenemos que pensar a diario con seriedad en temas como las filosofías políticas. Pero *si cada vez pensamos menos profundamente* sobre el mundo que nos rodea, empujados por medios como la televisión y ahora las redes sociales, entonces es crucial pisar el freno.

---

5. Postman, *Amusing*, loc. 1478.

Necesitamos hacer una pausa y considerar cómo conducirnos mejor. El precio de no hacerlo es muy costoso.

Mi esposa necesita anteojos con más aumento que los míos y he visto que a ella le duele un poco la cabeza cuando sus cristales están deteriorados. Su cerebro se esfuerza por procesar mejor las cosas que mira a través de sus ojos y lentes. Esto resulta agotador y frustrante, pues no puede ver bien todas las cosas que la rodean. Cuando eso pasa, ella necesita «actualizar» sus lentes para ver mejor. Entonces el dolor de cabeza desaparece y puede conducirse mejor en el mundo. De forma similar, si estamos viendo el mundo con unos lentes dañados, como los que te ofrecen las redes sociales *por diseño*, vamos a sentir los efectos de esto tarde o temprano.

Recibiremos un golpe de realidad cuando veamos nuestra vida tal cual es, y no como las redes sociales la muestran. No debe sorprendernos que en nuestra era de redes sociales el mundo luzca cada día más caótico y ruidoso, y sintamos una insatisfacción y confusión profunda acerca de nosotros mismos y lo que nos rodea.

2. Nuestra capacidad para pensar profundamente es dañada

En su célebre libro *Superficiales: ¿Qué está haciendo Internet con nuestras mentes?*, publicado hace más de una década y que también resultó ser profético, el investigador Nicholas Carr señala que «docenas de estudios realizados por psicólogos, neurobiólogos, educadores y diseñadores web apuntan a la misma conclusión: cuando nos conectamos en línea, ingresamos a un entorno que promueve la lectura superficial, el pensamiento apresurado y distraído, y el aprendizaje superficial».[6] La forma en que nuestro cerebro trabaja tiene que ver con esto:

Cada vez que realizamos una tarea o experimentamos una sensación, ya sea física o mental, se activa un conjunto de neuronas en nuestro cerebro. Si están cerca, estas neuronas se unen mediante el intercambio de neurotransmisores. [...] A medida que se repite la misma experiencia, los enlaces [...] entre las neuronas se vuelven más fuertes y abundantes. [...] Lo que aprendemos mientras vivimos está incrustado en las conexiones celulares en constante cambio dentro de nuestras cabezas.[7]

Esta es la razón por la que la repetición de acordes en la guitarra te va convirtiendo en buen guitarrista y puedes tocar cada vez más en «automático», sin mirar tus dedos sobre el mástil de la guitarra o incluso mientras haces otra actividad con tu cuerpo, como cantar. «A medida que los circuitos particulares de nuestro cerebro se fortalecen mediante la repetición de una actividad física o mental, comienzan a transformar esa actividad en un hábito», explica Carr. Y estamos hechos para mantener activos los nuevos circuitos que conectamos. «Así es como el cerebro ajusta sus operaciones. Las actividades de rutina se llevan a cabo de manera cada vez más rápida y eficiente, mientras que los circuitos no utilizados se eliminan».[8]

He aquí la clave de cómo el uso de las redes sociales y la Internet puede cambiar nuestros cerebros, porque el hábito

6. Nicholas Carr, *The Shallows: What the Internet Is Doing to Our Brains* (New York: W. W. Norton & Company, 2010), 115-116.
7. Ibid, 27.
8. Ibid, 34.

que es fomentado en nosotros al estar en la web es el de pensar superficialmente mientras se eliminan los circuitos cerebrales que usamos para el pensamiento profundo. «La mente lineal calmada, centrada, sin distracciones, está siendo dejada de lado por un nuevo tipo de mente que quiere y necesita asimilar y repartir información en ráfagas cortas, desarticuladas y a menudo superpuestas: cuanto más rápido, mejor».[9] Si esto ya era cierto hace años atrás, ¿cuánto más ahora con un mayor auge de las redes sociales?

Considera, por ejemplo, la forma en que hacemos clics en enlaces en Internet mientras estamos leyendo algo o hacemos *scrolling* en las redes. Cuando miras una imagen en alguna red social o lees una publicación, tienes que hacer una pausa muy rápida, casi imperceptible para ti, para que tu cerebro evalúe si quieres dejar un «me gusta» o no, si quieres hacer clic en un enlace o no, si quieres compartir o no, etc. Demasiadas decisiones en fracciones de segundos. «La redirección de nuestros recursos mentales, desde leer palabras hasta emitir juicios, puede ser imperceptible para nosotros (nuestros cerebros son rápidos), pero se ha demostrado que impide la comprensión y la retención, particularmente cuando se repite con frecuencia».[10]

De esa manera, cuando hacemos clics o analizamos realizar clics, nuestra atención se divide y reenfoca constantemente. ¿El resultado? Esto entrena a nuestra mente para pensar de esa manera, y produce cambios físicos en nuestro cerebro para que se nos haga más natural pensar así incluso cuando estamos lejos de nuestras computadoras o teléfonos.[11] Para colmo, las

---

9. Ibid, 10.
10. Ibid, 122.
11. Ibid, 194.

redes sociales y empresas como Google (que tienen el mismo sistema de negocio) *quieren* que hagas muchos clics y tu atención incesantemente esté desviada a medida que navegas en Internet. ¿Por qué? De nuevo, porque así obtienen más datos sobre nosotros que les sirven para darnos anuncios pagados que les generan ingresos.[12]

Nada de esto pasa contra nuestra voluntad. Tenemos una especie de sed por consumir más y más información, y entretenernos más y más, solo que no entendemos bien el costo de todo esto. *Y somos testigos de cómo esto nos cambia.* Esto contribuye a que no podamos tener conversaciones profundas sin a veces desear que fueran más rápidas, y nos cueste tanto enfocarnos en las tareas importantes que tenemos por delante. Si somos cristianos, podemos testificar con cuánta facilidad podemos distraernos al leer la Biblia o escuchar un sermón.

Procesar información con velocidad y pretender hacer varias tareas al mismo tiempo no es malo en sí mismo. A veces puede ser necesario, como cuando estás en una emergencia y debes pensar rápido, pero estamos perdiendo la capacidad para el pensamiento intenso y sostenido. Y si somos superficiales para el pensamiento profundo, lo somos también para el sentimiento profundo. Tus emociones no pueden ser movidas intensamente por aquello a lo que no das atención. *La atención es el comienzo de la devoción.*[13]

Por eso navegar en redes sociales *puede sentirse* como estar en una montaña rusa de emociones, como mencioné, pero la mayoría de las veces no se siente así. Más bien es una

---

12. Ibid, 156.
13. Citado en: Franklin Foer, «Attention Is the Beginning of Devotion».

montaña rusa de distracciones. Porque antes de que podamos llorar por las imágenes de una inundación, o sentir una indignación real ante la injusticia que nos mueva a lamentarnos con sinceridad, o alegrarnos realmente por la gracia de Dios señalada en una reflexión bíblica que leímos en un tuit, o sentir un profundo agradecimiento por la familia que compartió en Facebook su alegría de que están esperando un hijo luego de muchos años de intento, ya pasamos a lo siguiente. Ya hemos sido dirigidos al nuevo meme, comentario, foto o escándalo.

Esto cambia la forma en que pensamos y sentimos *fuera* de las redes. Experimentar la vida así, con pensamientos y sentimientos en ráfagas y sin profundidad, se hace parte de nosotros. Esto nos ayuda a entender por qué muchas veces respondemos con «LOL» a un mensaje divertido mientras en nuestros rostros no hay risa alguna, y compartimos un emoji triste en respuesta a una publicación que debería hacernos llorar... mientras no sentimos dolor o compasión en verdad. Y llevamos esa forma tan plana e inhumana de sentir y vivir al mundo *offline*.

NO DEBERÍAMOS ESTAR SORPRENDIDOS

En conclusión, nuestra tendencia a entretenernos en las redes sociales no solo distorsiona nuestra visión del mundo, sino que también socava nuestra capacidad para pensar y, así, nuestra capacidad para sentir. Vivimos entretenidos hasta la muerte y entendiendo mal la realidad. A la vez, se nos dificulta cultivar el pensamiento profundo, pensamiento que es importante para la creatividad, la empatía hacia los demás e incluso el desarrollo profesional en un mundo que cada día aprecia más el trabajo único y valioso que requiere enfoque.[14] Pero sobre todo importante para vivir una vida plena como humanos, pues nuestra capacidad para pensar intensamente y reflexionar sobre el mundo es algo que nos distingue de todo lo demás que conocemos en el universo.

Por eso muchos de nosotros podríamos identificarnos con el comentador Andrew Sullivan cuando escribe: «Yo solía ser un humano».[15] Así se titula un ensayo para *New York Magazine* que llegó a ser muy compartido en Internet. El subtítulo es claro: «Un bombardeo interminable de noticias, chismes e imágenes nos ha convertido en maniacos adictos a la información. Me quebró. También podría romperte».[16] También, Tristan Harris ha hablado de esta clase de efectos que las nuevas tecnologías tienen en nosotros cuando se refiere a la «degradación humana».[17] Es razonable creer que nuestro uso de la Internet, incluyendo las redes sociales, nos está haciendo semejantes a máquinas: emocionalmente superficiales, gobernados por algoritmos, priorizando lo rápido. Es como si renunciáramos a aspectos únicos de nuestra humanidad.

Nada de esto debería sorprendernos. Mucho antes de que existieran las redes sociales, ya fuimos advertidos al respecto. La Biblia, desde hace miles de años, enseña que nos

14. Para más sobre esto, recomiendo leer *Deep work: Rules for Focused Success in a Distracted World* (Grand Central Publishing, 2016), por Cal Newport.

15. Andrew Sullivan, «I Used to Be a Human Being», *New York Magazine*, septiembre, 2016. https://nymag.com/intelligencer/2016/09/andrew-sullivan-my-distraction-sickness-and-yours.html.

16. Sullivan, *Human Being*.

17. Nicholas Thompson, «Tristan Harris: Tech Is 'Downgrading Humans.' It's Time to Fight Back», *Wired*, 23 de abril, 2019. https://www.wired.com/story/tristan-harris-tech-is-downgrading-humans-time-to-fight-back/.

convertimos en aquello en lo que fijamos nuestra atención o nuestro corazón.[18] Fuimos hechos para ser moldeados por aquello que hacemos y pensamos. Fuimos creados de tal forma que se nos hace imposible no reflejar eso. Estas son buenas noticias, pues hace posible que cuando centremos nuestra atención en Dios nuestra vida pueda reflejar Su carácter sabio, bueno y justo (2 Cor. 3:18). ¡Podemos ser más como Él! Pero nuestra maleabilidad también posibilita que las cosas que creamos (como la tecnología) adormezcan nuestra humanidad cuando dejamos que gobiernen nuestra vida:

> Los ídolos de ellos son plata y oro,
> Obra de manos de hombre.
> Tienen boca, y no hablan;
> Tienen ojos, y no ven;
> Tienen oídos, y no oyen;
> Tienen nariz, y no huelen;
> Tienen manos, y no tocan;
> Tienen pies, y no caminan;
> No emiten sonido alguno con su garganta.
> Se volverán como ellos los que los hacen,
> Y todos los que en ellos confían (Sal. 115:4-8).[19]

¿Cómo hemos permitido, entonces, ser inundados por tecnología que puede distraernos tanto y cambiarnos de maneras profundas? Empezaremos la segunda parte de este libro respondiendo a aspectos de esta pregunta, a medida que

---

18. Para más sobre esto, recomiendo leer *We Become What We Worship: A Biblical Theology of Idolatry* (IVP Academic, 2008), por G. K. Beale.

19. Nicholas Carr cita también este texto en *The Shallows*, 210-211.

comenzamos a considerar con más detalle cómo el cristianismo nos brinda lo más necesario para pensar sobre las redes sociales y usarlas con sabiduría.

PARTE 2

La fe cristiana y las redes sociales

— 4 —

EL REY ESTÁ
EN SU TRONO

IMAGINA UN FUTURO en el que las personas pasan la vida conectadas a un videojuego de realidad virtual multijugador masivo y en tiempo real. En este mundo digital, todos pueden expresarse como deseen y entretenerse hasta la muerte. El ser humano es libre para identificarse como quiera y hacer lo que desee. Esta es la premisa de la novela *Ready Player One*, de Ernest Cline, un éxito de ventas que incluso fue adaptado al cine en una película dirigida por Steven Spielberg.

El libro sigue las aventuras en las que se ve envuelto su protagonista, Wade, alguien en extremo obsesionado con el videojuego y la vida de su creador. En sus primeras páginas, él reflexiona sobre su pasión y confiesa:

> Ojalá alguien se hubiera limitado a decirme: «Así son las cosas, Wade. Tú eres lo que se conoce como "ser

humano". Los seres humanos son unos animales muy listos. Y como todos los demás animales de este mundo, descendemos de un organismo unicelular que vivió hace millones de años. Eso tuvo lugar gracias a un proceso llamado "evolución", del que ya aprenderás más cosas. Pero, hazme caso, así es como hemos llegado hasta aquí. Existen pruebas en todas partes, enterradas en las rocas. ¿Sabes eso que te han contado de que nos creó un tipo superpoderoso llamado Dios que vive en el cielo? Mentira de las grandes. Cuanto se dice de Dios es, en realidad, una patraña antigua que la gente lleva contándose miles de años. Nos la hemos inventado de cabo a rabo. Como lo de Papá Noel y el Conejito de Pascua. Ah, por cierto... Ni Papá Noel ni el Conejito de Pascua existen. Eso también es mentira. Lo siento, niño. Asúmelo.[1]

Wade no entiende que, si somos producto del azar y no existe nada más allá de esta vida, entonces *nada tiene propósito*. Si solo somos animales, la vida humana no tiene valor por encima de cualquier otra cosa, y todo el amor que experimentamos o podemos llegar a sentir, toda obra de arte, todo sentimiento de asombro, todo abrazo, todo trabajo, toda conversación... en resumen, toda la experiencia humana, en última instancia, no tiene valor ni importancia. La muerte nos enterrará a todos y en el futuro lejano no quedará rastro de que existimos, por más que busquemos prolongar la duración de nuestra huella en el universo.

Aunque la novela de Cline es entretenida, refleja un mensaje desesperanzador e inconsistente con nuestra experiencia

1. Ernest Cline, *Ready Player One* (Barcelona: Penguin Random House Grupo Editorial, 2018), loc. 245, Kindle.

humana. Sin embargo, nos recuerda una realidad importante para nuestra era digital: solo en un universo sin un Dios soberano que nos llame a cultivar una relación profunda con Él tiene tanto sentido abrazar *sin medida* tecnologías que nos distraigan tanto y fomenten el pensamiento superficial.[2] Tecnologías como los videojuegos, el *streaming* en muchos casos, y las redes sociales.

BIENVENIDA, DISTRACCIÓN

Terminamos el capítulo anterior preguntando cómo pudimos aceptar y abrazar con rapidez tecnologías como las redes sociales, que están hechas para distraernos y nos afectan profundamente de maneras que no a todos nos gustarían. La respuesta completa a esta pregunta es amplia y se sale de los márgenes de este libro. Sin embargo, hay algunas cosas que podemos reflexionar aquí.

El pensador cristiano Alan Noble argumenta que no es coincidencia que el secularismo y las tecnologías de distracción —que nos ayudan a sentir gratificación y entretenimiento inmediato sin necesidad de pensar profundamente— hayan surgido de la mano en nuestra cultura en este punto de la historia.[3] El secularismo que permea nuestra cultura mira la religión como solo una opción más para que el ser humano pueda experimentar plenitud. Entiende que creer en lo sobrenatural y trascendente es cada día menos razonable y necesario.

---

2. Joe Carter, «God and Pac-Man in 'Ready Player One'», *The Gospel Coalition*, 29 de marzo, 2018. *https://*www.thegospelcoalition.org/article/god-and-pac-man-in-ready-player-one/.

3. Alan Noble, *Disruptive Witness: Speaking Truth in a Distracted Age* (Downers Grove, IL: InterVarsity Press, 2018), 3.

Por lo tanto, según el secularismo, cada declaración de fe o convicciones es vista solo como una declaración de nuestras *preferencias* personales que emitimos para proyectar nuestra identidad al mundo, de la misma manera que otras personas proyectan constantemente lo que creen que son y han determinado ser. Cuando alguien dice «Dios es real y lo necesitamos», por ejemplo, no expresa una verdad (dice el secularismo). Solo comparte una preferencia personal con la cual se identifica, y todos vivimos expresando preferencias. Ninguna de ellas es más verdadera o importante que otra.[4]

Una conclusión lógica de esto es que, si no existe lo trascendente o es irrelevante para nosotros, entonces *el ser humano* y no Dios debe ser considerado como el rey que está en el trono. «Fuera de una cultura de virtud basada en una fuente externa [como Dios], la ciencia, la tecnología y el mercado han sido impulsados a producir una sociedad que prioriza al individuo soberano».[5]

Entonces, si lo trascendente no es plausible (y esta vida es todo lo que hay), y somos soberanos, ¿por qué no abrazar toda tecnología que haga lo que *nosotros* queramos? ¿Por qué no parecernos un poco más a Wade y las personas que pasan su vida inmersas en videojuegos? ¿Por qué no abrazar al máximo las tecnologías que nos den gratificación inmediata (por ejemplo: distrayéndonos con formas de entretenimiento) y que nos ayuden a expresar lo que sentimos que somos en realidad? Si los muertos no resucitan (si no

---

4. Así el secularismo afirma que nadie tiene derecho a imponer sus preferencias sobre otros o promoverlas como si se trataran de verdades absolutas. Esto es una ironía porque el secularismo debería verse a sí mismo también como solo una preferencia y aplicar a sí mismo las críticas que lanza a la religión.

5. Noble, *Disruptive Witness*, 3.

existe lo trascendente), vivamos desperdiciando horas en Instagram o leyendo tuits sin parar, que mañana moriremos (1 Cor. 15:32). ¡Bienvenida, distracción! En cierto sentido, *nosotros* pedimos ser distraídos y cambiados de la forma en que lo estamos siendo por las tecnologías que nos distraen. Todo esto me confronta como creyente. Me recuerda que cuando desperdicio tiempo entreteniéndome en la montaña rusa de las redes sociales, dejando que ellas me hagan adicto a la aprobación de otros, cambien mi visión del mundo, y afecten mi capacidad para el pensamiento y deleite profundo, entonces actúo más según una mente secular que conforme a una mente espiritual que conoce a Dios. Por supuesto, entretenernos, jugar y consumir contenido no es pecado en sí mismo. Dios nos hizo también para que nos divirtamos y nos recreemos. «Pero el juego, como todo lo bueno, puede volverse idólatra cuando lo consume todo y se convierte en un fin en sí mismo y en un objeto de adoración que reemplaza o nos distrae de a quién debemos adorar verdaderamente».[6]

LO QUE PENSAMOS SOBRE DIOS IMPORTA

Lo que pensamos sobre Dios impacta cada detalle de nuestra vida, nos consideremos cristianos o ateos. Esto afecta desde con quién nos vamos a casar o por qué quisiéramos casarnos, hasta qué hacemos con nuestros talentos, cómo tratamos a nuestros vecinos, cuáles películas vemos en Netflix, e incluso cómo usamos nuestro Facebook. Aun cuando no estamos conscientes de esto. Por eso A. W. Tozer escribió que «lo

---

6. Carter, «God and Pac-Man».

que viene a nuestra mente cuando pensamos en Dios es lo más importante sobre nosotros».[7]

Esto no significa que somos simples máquinas conducidas por la información que tenemos en la mente. Somos más que seres pensantes. Sentimos y deseamos con nuestro corazón y, como hemos visto, somos muy maleables. Por eso, entender que no es sabio publicar toda tu vida en las redes sociales no es suficiente para que dejes de sentir un impulso para compartir la última foto genial en la que apareciste. Saber que necesitas despertarte temprano al día siguiente tampoco es suficiente para evitar que pases varias horas en la noche en redes sociales. Tener la información correcta en la mente no siempre trae un cambio de comportamiento.

Las empresas detrás de las redes sociales saben esto. Por eso no se preocupan cuando hay un escándalo sobre cómo manejan tus datos personales o se publican estudios que muestran cómo ellas nos hacen más infelices. Esa información, por sí sola, generalmente no cambia cómo usamos las redes sociales. Somos gobernados por nuestros deseos cultivados por hábitos —hábitos como revisar nuestras redes sociales en las mañanas antes de salir de la cama, acudir al teléfono siempre que estamos aburridos o publicar fotografías cuando algo nos gusta—, y no solo por nuestros pensamientos.

Sin embargo, así como no podemos evitar tener deseos, tampoco podemos evitar tener pensamientos. Aun si no podemos explicar ni estar conscientes de todo lo que creemos. Y aunque es posible tener ideas correctas sobre Dios sin que ellas

---

7. Citado en: Justin Taylor, «Tozer vs. Lewis: What's the Most Important Thing about Us?», *Between Two Worlds,* 4 de junio, 2016. https://www.thegospelcoalition.org/blogs/justin-taylor/tozer-vs-lewis-whats-the-most-important-thing-about-us/.

impacten nuestro uso de las redes sociales, es imposible usar las redes sociales con la sabiduría que hallamos en la Biblia, si no cultivamos primero un entendimiento de quién es Él. *No podemos ser gobernados por un deseo por el Dios a quien no conocemos.*

Hablaremos varias cosas sobre Dios en el resto de este libro, pero no hay mejor punto de partida para nuestra conversación que Su soberanía y lo que Él demanda de nosotros. Tal vez piensas: «¿Hablar de teología? ¡Pero si la razón por la que abrí este libro es que quiero usar mejor las redes sociales!». Sin embargo, una visión pequeña de Dios nos lleva a tener una visión muy grande de todo lo demás. Muchas veces, incluso de un simple «me gusta».

No podemos conducirnos con sabiduría en nuestra era digital ni vivir un cristianismo genuino si nuestro dios es tan pequeño que no se preocupa por las redes sociales y cómo las usamos. Necesitamos entender que Él es el verdadero Rey en el trono, y lo que esto significa.

DIOS ES SOBERANO SOBRE TODO

Si Dios no es el Rey soberano, entonces no hay razones para confiar en Él o atesorar Sus promesas. Seguro sería una deidad frustrada e infeliz. ¿Qué sentido tendría adorar a un «dios» incapaz de hacer lo que quiera? ¿Para qué confiar en un «dios» sin autoridad sobre todo, y al que se le escapen cosas de sus manos? ¿Cómo seríamos felices en Él?[8]

---

8. Una versión de este párrafo y los tres siguientes aparecieron primero en *Nada me faltará: 30 meditaciones sobre salmos de esperanza* (B&H Publishing Group, 2019), 15-16, (PDF gratuito).

Pero el Dios verdadero sí es soberano. «Todo cuanto el Señor quiere, lo hace, en los cielos y en la tierra, en los mares y en todos los abismos» (Sal. 135:6). La Biblia habla tanto sobre la soberanía de Dios que sería fácil pensar que este es Su atributo favorito y que Su biografía en Twitter diría: «Rey soberano del universo». Él gobierna sobre cosas que parecen azar (Prov. 16:33), los gobiernos de este mundo (Dan. 4:34-35), las tragedias que ocurren en el planeta (Isa. 45:7), nuestros planes diarios (Sant. 4:13-15), y más.

La soberanía de Dios consiste en que Él tiene la autoridad y el poder para (1) llevar a cabo todo aquello que Él quiere que ocurra y (2) juzgar con rectitud todas las cosas. Esto significa que cuando Dios obra algo —como nuestra salvación en Jesús— no fue porque alguien lo obligó a eso, sino porque *Él quiso* hacerlo. Y cuando Dios permite algo, trátese de un sufrimiento presente, el surgir de una etiqueta en Instagram o cualquier otra cosa, fue porque en un sentido Él quiso que eso ocurriera conforme a Sus propósitos (Ef. 1:11).

Podremos creernos los soberanos en el mundo, pero en realidad Dios está detrás de *todo* lo que pasa, ya sea obrándolo directamente para que ocurra u orquestándolo, según Sus buenos designios que no comprenderemos completamente desde este lado de la eternidad. Lo hace de forma tal que Él nunca es autor del pecado ni de las cosas que están mal en el mundo (Sant. 1:13-17). Las personas son responsables de sus pecados, pero en última instancia nada frustra el plan de Dios.[9] Él siempre tiene el control.

---

9. Es importante mantener en nuestra mente y enseñanza cristiana esta tensión presente en la Escritura. Ante la maldad humana, necesitamos confiar en que Dios juzgará a los malvados y arreglará todo lo que está mal en este mundo, y también necesitamos creer que nada escapa de Su control soberano. Creer *ambas* cosas nos guarda tanto de la

Por lo tanto, los directivos de las empresas dueñas de las redes sociales no escapan del alcance de la soberanía de Dios. Tampoco las decisiones que ellos toman ni cómo afectarán a miles de millones de personas. Tampoco lo que tus amigos publican, la fama efímera del último *influencer* de moda ni el reciente video viral que alguien te compartió. Mucho menos el avance del secularismo que nos ayuda a justificar la adopción sin medida de tecnologías que atentan contra nuestra humanidad. Cuando vemos nuestro mundo lleno de caos y ruido, podemos tener esperanza cuando fijamos nuestros ojos en la verdad de que el Rey perfecto gobierna.

LA PRUEBA DEFINITIVA

Si quieres una prueba definitiva de que Dios gobierna sobre la tecnología humana y nuestro uso de ella, incluso la que usamos para el mal, solo mira cómo Él fue soberano en la cruz. El ser humano inventó la crucifixión para matar, pero Dios usó la crucifixión de Su Hijo para darnos vida según Su plan eterno (Hech. 2:23; 4:27). El ser humano diseñó la cruz para humillar e intimidar, pero Dios transformó su diseño para llevarnos a la gloria y seguridad en Él. El Señor usó la tecnología de la crucifixión para el mayor bien en la hora más crítica de la historia de la humanidad, cuando todo parecía perdido. Como Tony Reinke dice: «el calvario fue *hackeado*» por Dios.[10]

---

desesperación como del cinismo. Para profundizar más sobre esto, recomiendo el libro *Pecados espectaculares* (Unilit, 2017), del pastor John Piper.

10. Reinke, *12 Ways*, 34-35. En este párrafo en particular, estoy en deuda con Reinke por sus observaciones acerca de la soberanía de Dios sobre la tecnología, mostrada en la cruz.

Como Dios ejerció Su soberanía en la cruz en amor por nosotros, podemos confiar en que todo lo obra para nuestro bien si caminamos junto a Él, incluso las cosas malas que no entendemos por qué ocurren (Rom. 8:28, 32). En consecuencia, descansamos en que Él es más grande que las cosas que el mundo considera grandes. Él es más digno de nuestro asombro que las redes sociales y todo lo demás. Todo es pequeño en comparación a Él. ¡Él debería ser nuestro mayor centro de atención!

De hecho, los cristianos no tenemos razón alguna para temer que las redes sociales y su auge vayan a acabar con el cristianismo en el siglo xxi, haciendo que la iglesia, la Biblia y el evangelio luzcan irrelevantes y anticuados. En realidad, ¡el cristianismo siempre ha parecido irrelevante a los ojos del mundo! (1 Cor. 1:18). Y eso no ha frustrado el propósito de Dios de edificar Su Iglesia, usarla para alcanzar a los perdidos y traer a incontables personas a la salvación. Dios fue quien decretó que las redes sociales existieran en nuestros días, y Él no permitirá que algo transitorio estropee Sus planes eternos.

Más bien, las redes sociales forman parte de Su plan para todas las cosas. Esto es algo de lo que podemos tener un vistazo cuando somos testigos de cómo muchas personas han llegado a conocer el evangelio y profundizar en la fe cristiana gracias a cómo se ha esparcido la Palabra de Dios en las redes sociales. Yo mismo he visto mi vida espiritual impactada por iglesias, ministerios y amigos que han compartido verdades bíblicas en ese medio.

Sí, mucho del auge de las redes sociales se debe a la maldad humana, pero Dios está obrando todo para bien (comp. Gén. 50:20). Nosotros aún no vemos cómo todo encaja en Su plan, pues estamos a la altura de las piezas de un rompecabezas, pero Él desde Su altura más elevada mira cómo todo encaja a la perfección. Y en Su Palabra nos habla de eso para que tengamos paz.

LO QUE DIOS DEMANDA

La soberanía de Dios no solo significa que Él gobierna sobre todo, sino también que Su reino debe ser abrazado por todos nosotros. Es justo que reconozcamos Su señorío en cada área de nuestra vida. Él es el creador que merece que vivamos en gratitud a Él y honrándolo en obediencia. Solo Dios es el Rey de toda la tierra con derecho a exigir la máxima lealtad de nosotros y juzgar *todo* lo que hacemos, ya sea *online* u *offline* (Ecl. 12:14).

Y Dios no ha callado sobre lo que Él demanda de nosotros: «"Amarás al Señor tu Dios con todo tu corazón, y con toda tu alma, y con toda tu mente". Este es el grande y primer mandamiento. Y el segundo es semejante a éste: "Amaras a tu prójimo como a ti mismo"» (Mat. 22:37-39). Él nos llama a vivir de tal forma que Él siempre tenga el primer lugar en nuestra vida y siempre amemos a los demás... y, seamos sinceros, las redes sociales pueden ser un importante obstáculo para esto.

Considera, por ejemplo, cómo el noveno mandamiento es violado en Internet («No darás falso testimonio contra tu prójimo» [Ex. 20:16]). Como explica el teólogo Peter Leithart:

Nos agita un torbellino de rumores, insinuaciones, falsas acusaciones, calumnias, difamaciones. Las personas son juzgadas y condenadas por una multitud enardecida en línea. Damos «me gusta» o compartimos tuits y publicaciones de Facebook, aunque posiblemente no podamos confirmar su precisión. [...] Exageramos la estupidez o malevolencia de los adversarios ideológicos para ganar puntos y honor en el combate de Twitter. [...] Los cristianos encienden la llama digital para quemar a los supuestos herejes sin el debido proceso, la humildad o el cuidado.

Esto no es simplemente un uso inadecuado de tecnología neutral. YouTube da preferencia a videos controvertidos, cuanto más extravagantes, mejor. Twitter es un medio de autopresentación, a menudo de acicalamiento propio, donde cada usuario juega un juego de «gestión de marca». No por accidente, sino por diseño, las redes sociales animan violaciones a la Novena Palabra.[11]

Cuando entendemos el corazón de los mandamientos de Dios, podemos ver mejor que las redes sociales son uno de los medios favoritos que usamos hoy para rebelarnos contra Él. Damos el primer lugar a otras cosas (cometemos idolatría), no vivimos acorde a la santidad de Dios (tomamos Su nombre en vano) y codiciamos la supuesta vida perfecta de los demás. La lista de pecados puede seguir si pensamos más en esto.

Necesitamos entender que el espacio digital no es una zona libre de la soberanía de Dios. Él demanda todo de nosotros, hasta nuestros perfiles en Internet o nuestra forma de pensar sobre las redes sociales. Él demanda que vivamos entregados a Él para alabanza de Su gloria, como escribe Pablo: «Entonces, ya sea que coman, que beban, o que hagan cualquier otra cosa, háganlo *todo* para la gloria de Dios» (1 Cor. 10:31, énfasis agregado).

---

11. Peter Leithart, *The Ten Commandments: A Guide to the Perfect Law of Liberty* (Bellingham, WA: Lexham Press, 2020), loc. 898, Kindle.

¿Qué significa esto y cómo debe impactar nuestro uso de las redes sociales? En el resto de este libro profundizaremos en esta verdad mientras buscamos pensar mejor en el único Dios soberano, el Rey que *hackeó* la tecnología de la cruz para mostrarnos Su amor (Rom. 5:8). Alguien a quien personas como Wade y nosotros necesitamos conocer para vivir con propósito real.

HECHOS PARA DIOS

¿POR QUÉ EXISTEN las redes sociales? Para responder a esta pregunta, podemos hablar del aumento del secularismo, como hablamos en el capítulo anterior. Esta forma de ver el mundo nos ha llevado a justificar tanta tecnología que nos distrae. También podríamos hablar del orgullo que nos lleva a buscar nuestra propia gloria, como exploraremos más adelante.

Sin embargo, y de manera sorpresiva, la Biblia nos conduce a pensar que, incluso si el secularismo no existiera y el pecado nunca hubiera entrado a este mundo, las redes sociales igual habrían sido creadas por nosotros tarde o temprano. Por supuesto, seguramente no serían como las vemos ahora. No estarían diseñadas para nuestra distracción constante y nuestro uso de ellas sería más sabio. Pero tenemos razones de peso para creer que igual existirían plataformas tecnológicas donde expresarnos y comunicarnos. ¿Te parece muy extraño esto? ¡Espero que sí!

NUESTRO DIOS ES SOCIAL

Para empezar, según la fe cristiana, las redes sociales (y todo lo demás) existen en primer lugar porque Dios es social. Desde la eternidad, Él es uno en esencia y tres personas iguales en poder y gloria. Ese es el misterio de la Trinidad. Es una doctrina básica del cristianismo, y necesitamos pensar en esta verdad para entender mejor cómo usar nuestras redes sociales con sabiduría.

La palabra *Trinidad* no aparece en nuestras Biblias. Fue inventada por nosotros (¡como la palabra *Biblia*!), pero aquello a lo que se refiere está revelado a lo largo de la Escritura. Cada página nos va mostrando más y más esta verdad. Nuestro Dios es Padre, Hijo y Espíritu Santo. Tal vez te preguntes: *¿En serio esto es importante?* ¡Vaya que sí! Significa que Dios no nos necesita para ser amor y vivir en comunidad. Él es un Dios amoroso, personal y lleno de gozo *eternamente*. Él es un Dios autosuficiente en Sí mismo, en todos los sentidos.

Nuestro Dios trino siempre disfruta de comunión y deleite consigo mismo.[1] Es un gozo tan grande que, por Su propia voluntad y soberanía, se desbordó y se dio a conocer en la creación.[2] El acto de la creación —*nuestra* creación— fue como un volcán de alegría en erupción. Dios nos creó para compartir con nosotros el deleite eterno que ya hay en Él. Dios hizo un espacio en la mesa para introducirnos en Su círculo íntimo y

---

1. Para una breve explicación de la doctrina de la Trinidad, recomiendo el libro corto *¿Qué es la Trinidad?* (Reformation Trust, 2010), de R. C. Sproul. Está disponible gratuitamente en la tienda Kindle de Amazon.

2. Esta idea fue expuesta magistralmente por el teólogo Jonathan Edwards en *A Dissertation Concerning the End for Which God Created the World*. Disponible en: https://www.monergism.com/dissertation-concerning-end-which-god-created-world-jonathan-edwards.

darnos a probar la felicidad de la comunión que ya hay entre las personas de la Trinidad.

Si hemos de vivir un cristianismo genuino en nuestra era superficial y de *selfies*, necesitamos vernos como parte de *esta historia*, la historia de Dios para el universo. Cuando entendemos mejor de qué se trata esta historia, vemos que ninguno de nosotros tiene que limitarse a vivir según las historias alternativas que los sistemas de pensamiento en este mundo nos cuentan y quieren vendernos.

La cultura que nos rodea relata historias falsas en las que el fin de nuestra vida es construir una torre de Babel (en redes sociales o fuera de ellas) para hacer un nombre grande para nosotros mientras aparentamos ser lo que no somos. Historias en las que debemos estar al tanto de todo y comentar sobre todo si queremos ser «relevantes». Historias en las que solo importa el aquí y ahora, o vivir primeramente para cualquier otra cosa aparte de Dios. Historias en las que nuestro valor y propósito depende de cuántos «me gusta» y «vistas» tenemos.

Las incontables historias falsas que se evidencian en las redes sociales y han impulsado el desarrollo actual de ellas jamás nos darán gozo porque no fuimos hechos para formar parte de ellas. Nuestra verdadera historia no comienza con nosotros mismos o con algo dentro de este universo, sino con un Dios social. Y fuimos introducidos a esta historia en un Jardín.

RETUITS DE LA GLORIA DE DIOS

Una de las cosas más extraordinarias que leemos en Génesis es que el universo no es producto de fuerzas impersonales y que, por lo tanto, nuestra existencia no carece de sentido. Eso es lo que enseña el ateísmo cuando lo llevamos a sus conclusiones lógicas. La Biblia tampoco dice que el universo surgió luego de intentos infructuosos o como resultado de una lucha cósmica entre dioses caprichosos y contradictorios, como enseñan otras religiones. En cambio, fuimos *creados* con un propósito claro. Fuimos hechos para glorificar a Dios. Empezamos a conocer esto en las primeras páginas de Génesis:

> Dios creó al hombre a imagen Suya, a imagen de Dios lo creó; varón y hembra los creó. Dios los bendijo y les dijo: «Sean fecundos y multiplíquense. Llenen la tierra y sométanla. Ejerzan dominio sobre los peces del mar, sobre las aves del cielo y sobre todo ser viviente que se mueve sobre la tierra» (Gén. 1:27-28).

El punto más alto de la creación *somos nosotros* hechos a imagen de Dios. Solo el hombre y la mujer fueron creados de esta manera. En palabras del teólogo J. I. Packer: «Nosotros podemos reflejar y reproducir a nuestro propio nivel de criatura los caminos santos de Dios, y así actuar como sus representantes directos sobre la tierra. Esto es aquello para lo que los humanos fuimos hechos, y en un sentido solo somos humanos en la medida en que lo hacemos».[3] Por eso los cristianos debemos ser los primeros en oponernos a toda injusticia, como la esclavitud o el aborto en nuestras culturas, o la difamación, el plagio y la mentira en redes sociales. En cierto sentido, toda persona es un objeto sagrado y precioso por el

---

3. J. I. Packer, *Concise Theology: A Guide to Historic Christian Beliefs* (Carol Stream, IL: Tyndale House, 2001), 71.

cual dar gracias a Dios. Profanar a otra persona y tratarla con injusticia es un asunto serio.

Por supuesto, hay cosas en las que no somos como Dios. No somos todopoderosos, omniscientes o trascendentes como Él, por ejemplo. Pero hay cosas en las que sí somos y podemos ser como Él. Al igual que Dios, somos seres racionales. Tenemos poder para crear cosas, aunque no desde la nada como Él. Podemos ejercer control. Podemos reflejar Su santidad y justicia. Y somos sociales, razón por la que las redes sociales no tienen que ser malas en sí mismas y seguramente hubiéramos inventado plataformas para comunicarnos y compartir contenido aun si no existiera pecado en el mundo. No fuimos hechos para ser solitarios.

Dios nos hizo a Su imagen y nos manda que llenemos la tierra de más imágenes de Él y ejerzamos dominio como Sus representantes. En otras palabras, somos llamados a reflejar Su gloria y darla a conocer (Isa. 43:6-7). El teólogo John Piper lo explica así:

> ¿Por qué hacemos imágenes? Porque queremos representar algo. Si haces una estatua de Napoleón, quieres que las personas piensen en Napoleón más que en la estatua. Y haces la estatua de tal forma que muestre algo específico del carácter de Napoleón.
>
> Por eso Dios nos hizo a Su imagen. [...] Él hace a los humanos a Su imagen para que representen algo, es decir, a Sí mismo. Así que la razón de nuestra existencia es mostrar la existencia de Dios o, específicamente, mostrar la gloria de Dios. A mi entender, la gloria de Dios se refiere a las múltiples perfecciones de Dios —el resplandor, la exhibición, la transmisión de Sus diversas y hermosas perfecciones.

Queremos pensar, vivir, actuar, y hablar de tal manera que resaltemos las múltiples perfecciones de Dios. Y creo que la mejor manera de hacerlo es estando totalmente satisfechos con esas perfecciones. Para nosotros deberían ser más significativas que el dinero, la fama, el sexo, o cualquier otra cosa que pudiera competir por nuestros afectos [¡como las que perseguimos en las redes sociales!]. Y cuando las personas ven que valoramos a Dios de esa manera, y que Su gloria nos satisface plenamente, se dan cuenta de que Él es nuestro tesoro.[4]

La gloria de Dios es el conjunto de la perfección de todos Sus atributos; es decir, las cosas que lo caracterizan a Él. Todo lo que Él es constituye Su gloria. Cuando Él se revela, Su gloria es manifiesta, como cuando la desplegó en la creación (Rom. 1:18-23; Isa. 6:3). Por eso el salmista dice que «los cielos proclaman la gloria de Dios» (Sal. 19:1). Los cielos muestran que Dios es grande, poderoso, creativo y sabio, entre otras cosas.

Así como la creación refleja tal gloria, nuestra vida debe reflejarla también en todo lo que hagamos dentro o fuera de Internet. Y aquí es necesario aclarar que esto de glorificar a Dios no significa que debemos hacerlo más glorioso de lo que ya es. Eso sería imposible. Dios no nos necesita para ser lo que Él es, de la misma manera en que el sol no nos necesita para brillar con todo su resplandor (Hech. 17:24-25). En cambio, glorificar a Dios significa reconocer Su gloria, Su excelencia y reflejarla al llamar a otros a hacer lo mismo. En otras palabras, fuimos hechos para ser *retuits* de Su gloria en este mundo.

---

4. Collin Hansen, ed., *El Catecismo de la Nueva Ciudad* (Colombia: Poiema Publicaciones, 2018), 32-33.

Este es un llamado increíblemente alto, pues hay cosas que solo nosotros podemos hacer en toda la creación. Ser hechos para la gloria de Dios implica reflejarlo a Él en todas ellas. A diferencia de los animales, podemos crear piezas de arte, inventar relatos y crear nuevas tecnologías como las que usamos a diario, por ejemplo. Dios nos dio una capacidad única para el pensamiento profundo, y debemos honrarlo al cultivar esta capacidad y practicarla con sabiduría. También podemos conversar como lo hacemos, deleitarnos en las cosas bellas (en la naturaleza o las cosas hechas por el hombre) y trabajar para cultivar el jardín en el que Dios nos puso. Este es un punto importante que vemos en Génesis: *el trabajo no es un castigo por el pecado.*[5] ¡Dios nos hizo para trabajar y descansar, y glorificarlo a Él en ambas cosas!

En resumen, somos llamados a reflejar a Dios en nuestro pensamiento, nuestras conversaciones, nuestros disfrutes, nuestros trabajos... en todo lo que hagamos.

AL DELEITARNOS EN ÉL

Por un tiempo me pareció egocéntrico que Dios hiciera todo para Su gloria. Por lo general, nos desagradan las personas que siempre quieren ser el centro de atención, al menos que nos distraigan de nuestros problemas y reafirmen nuestra vanidad (lo cual explica la popularidad de algunos *influencers* en el mundo). La gente así suele caernos mal porque sabemos que no merece estar siempre en el centro y que en última instancia

---

5. Para más sobre el entendimiento bíblico del trabajo, recomiendo leer el libro *Toda buena obra: Conectando tu trabajo con el trabajo de Dios* (B&H Publishing Group, 2018), de Timothy Keller.

no es indispensable como pretende serlo. Esas personas son injustas cuando quieren que el mundo gire en torno a ellas. Aparentan ser lo que no son, y tienen un ansia por saciar el deseo de sentir la aprobación de otros. A decir verdad, todos somos así en algún grado. Pero Dios es diferente.[6]

Dios es totalmente justo cuando busca exaltar Su gloria. Él sí merece alabanza por siempre, y no buscarla como meta máxima sería una injusticia. ¿Acaso hay algo más digno de toda la gloria que Dios? Un vistazo a la adoración celestial nos muestra cómo es el canto que se entona ante Su trono: «Digno eres, Señor y Dios nuestro, de recibir la gloria y el honor y el poder, porque Tú creaste todas las cosas, y por Tu voluntad existen y fueron creadas» (Apoc. 4:11).

En realidad, para entender el propósito de nuestra vida, el cual debe moldear nuestro uso de las redes sociales, necesitamos estar conscientes de dos hechos cruciales que solemos pasar por alto. En *primer* lugar, glorificar a Dios tiene que ver con deleitarnos en Él, con beber de la fuente trinitaria de gozo que solo podemos tener en Él.[7] Gozarnos en el Señor es un mandato bíblico: «Regocíjense en el Señor siempre. Otra vez lo diré: ¡Regocíjense!» (Fil. 4:4); «Pon tu delicia en el Señor» (Sal. 37:4a).

Si vamos a vivir para Su gloria, entonces Él debe ser nuestro mayor deleite. ¿Por qué? Porque por naturaleza exaltamos aquello en lo que nos deleitamos.[8] Cuando probamos

---

6. Este párrafo y algunas líneas del siguiente están tomados de mi introducción al libro *Jóvenes por su causa: De las tinieblas a la luz* (Poiema Publicaciones, 2019).

7. Ningún otro libro me ha ayudado a ver esto como *Sed de Dios: Meditaciones de un hedonista cristiano* (Publicaciones Andamio, 2011), de John Piper. Recomiendo su lectura a todo cristiano.

8. C. S. Lewis, *Reflexiones sobre los Salmos* (Caracas: Editorial Planeta, 2010), capítulo 8 («Unas palabras sobre la alabanza»).

un helado delicioso, no podemos evitar decir: «¡Qué buen helado!». La alabanza genuina nace del deleite genuino.[9] Eso es lo que observamos en los Salmos: «Como con médula y grasa está saciada mi alma; y con labios jubilosos te alaba mi boca» (Sal. 63:5). La alabanza sin deleite o deseo del mismo es hipocresía (Mat. 15:7-8). Como Piper resumió: «Dios es más glorificado en nosotros cuando más satisfechos estamos en Él».[10] El llamado a glorificar a Dios es un llamado a gozarnos primeramente en Él sobre todas las cosas.

Esto nos lleva al *segundo* hecho que solemos pasar por alto: si Dios nos hizo para Su gloria, y lo glorificamos cuando nos deleitamos en Él, entonces Él nos hizo de tal manera que solo podemos hallar nuestro máximo deleite en Él. No en la tecnología o cualquier otra cosa creada. No en una tonelada de seguidores en Internet o un mar de entretenimiento. Así como un automóvil necesita de combustible para andar, nosotros necesitamos conocer a Dios y que Él sea nuestra mayor fuente de alegría para vivir de la manera que fuimos creados para hacerlo. Él debe ser nuestro principal *influencer* en el sentido más absoluto de lo que eso puede significar.

Solo en la medida en que esto sea una realidad en nosotros seremos plenamente humanos y nos sentiremos realizados. Vivir para algo que no sea Dios es deshumanizarnos lenta y dolorosamente. Es conformarnos con algo inferior. Nos

---

9. Algunas oraciones de este párrafo fueron tomadas de mi artículo: «Una introducción al hedonismo cristiano: 5 cosas que aprendí leyendo "Sed de Dios"», *Coalición por el* Evangelio, 26 de enero, 2018. https://www.coalicionporelevangelio.org/articulo/una-introduccion-al-hedonismo-cristiano/.

10. John Piper, «Dios es más glorificado en nosotros cuando estamos más satisfechos en él», *Desiring God*, 13 de octubre, 2012. https://www.desiringgod.org/messages/god-is-most-glorified-in-us-when-we-are-most-satisfied-in-him?lang=es.

conduce a miseria eterna. Como dijo C. S. Lewis, la historia humana es «la larga y terrible historia del hombre intentando encontrar otra cosa fuera de Dios que lo haga feliz».[11] O como oró un célebre pecador salvado por Dios: «Nos has hecho para ti y nuestro corazón está inquieto hasta que repose en ti».[12]

Si alguna vez has sentido una insatisfacción profunda con cualquier cosa en este mundo, o un deseo de vivir para siempre, o que fuiste hecho para algo más grande de lo que puedes expresar, aquí está la explicación bíblica a esto. Fuiste hecho para gozarte en Dios y así glorificarlo.

ALGO CRUCIAL AL HABLAR SOBRE REDES SOCIALES

Todo esto suena muy espiritual y poco práctico en un comienzo. Lo sé. Pero es fundamental para nuestra conversación sobre las redes sociales y cómo nos conducimos cuando estamos conectados. Explica por qué no somos felices en verdad cuando usamos las redes sociales simplemente para dirigir las miradas de los demás hacia nosotros mismos o distraernos de buscar a Dios. No somos felices cuando las usamos sin reflejar el carácter de Dios, y sin conducirnos con sabiduría en amor al prójimo. Y un millón de «me gusta», notificaciones y publicaciones no podrán saciarnos como solo Dios puede hacerlo.

Esto también explica por qué jamás tendremos verdadero gozo si dejamos que las redes sociales nos distraigan de pensar profundamente en las cosas importantes. Jamás nos sentiremos

---

11. C. S. Lewis, *Mero cristianismo* (HarperOne, 2006), loc. 726, Kindle.

12. Saint Augustine, *The Confessions of Saint Augustine* (Project Gutenberg). https://www.gutenberg.org/files/3296/3296-h/3296-h.htm.

realizados si dejamos que ellas nos entretengan y nos impidan trabajar con excelencia o descansar verdaderamente y deleitarnos en cosas más excelentes. Jamás tendremos gozo si dejamos que la tecnología nos lleve a vivir con menos conversaciones profundas con las personas que Dios introduce en nuestra vida, y si preferimos la comunicación superficial que las redes sociales nos ofrecen.

Fuimos hechos para glorificar a Dios, estar gozosos en Él y hacer de manera especial aquellas cosas que son únicas de la humanidad. Pero si operamos de manera contraria, nos sentiremos perpetuamente frustrados, pues andaremos en contra de nuestro diseño. Solo estaremos satisfechos —estemos conectados frente a nuestras pantallas o no— a medida que vivamos para Dios como el tesoro más grande de nuestro corazón. Por tanto, ¡qué buena noticia saber que Dios es una fuente infinita de gozo eterno para almas sedientas!

Entonces ¿qué pasó con nosotros? ¿Por qué usamos las redes sociales de una manera tan diferente a como necesitamos hacerlo? Bueno, ya hemos visto que las redes están hechas para moldearnos y llevarnos a usarlas de la manera que lo hacemos. Pero, así como hay una respuesta más profunda a la pregunta: *¿por qué existen las redes sociales tal y como las conocemos?*, que solo decir «gracias al avance de la tecnología y el secularismo», también hay una respuesta más profunda a por qué usamos las redes sociales de la manera en que es común en nuestros días, de una forma contraria a nuestro diseño como seres humanos.

En el próximo capítulo exploraremos esa realidad, la cual puede parecerte demasiado extraña al comienzo, pero nos ayuda a explicar por qué actuamos como actuamos. Alerta de *spoiler*: prestamos nuestra atención a un *influencer* cruel con lengua bífida.

— 6 —

MUERTE POR *SELFIE*

OCTUBRE DE 1839. Robert Cornelius, apasionado por la fotografía, se dispone a probar la daguerrotipia, un método fotográfico en el que las imágenes obtenidas eran plasmadas en placas metálicas para que pudieran ser más duraderas. Luego de instalar una cámara de caja grande con una lente hecha de un par de gafas de ópera, en el patio trasero de la tienda de lámparas y candelabros de su familia, en Filadelfia (Estados Unidos), decide tomarse una foto a sí mismo sentado frente al lente. Esperó sin moverse entre tres y quince minutos para obtener la fotografía. En la parte posterior de ella, escribió: «La primera fotografía con luz que se ha tomado. 1839».

Puedes buscar la imagen en Internet y verla por ti mismo. Robert luce con su cabello medio largo y alborotado, vestido a la usanza de la época. Sus ojos miran al lente de la cámara o muy cerca de él. Hay algo enigmático en el retrato, tal vez porque no está sonriendo sino observando con determinación y expectativa. La imagen es extraña porque uno no pensaría que en esa época ya se pudieran tomar fotografías así. Más de 180 años después, Cornelius tiene el récord Guinness por lo que se cree que es la primera *selfie* de la historia.[1]

No sé qué pasó por la mente de Robert en aquel momento, pero creo entender por qué nuestra generación ama las *selfie*s a tal punto que podríamos hablar de nosotros como la *generación selfie*. De hecho, la palabra *selfie* fue nombrada en 2013 por los Diccionarios Oxford como la «palabra del año», luego de que investigaciones hayan sugerido que su frecuencia en el inglés aumentó más de 17 000 % en el último año para esa fecha.[2] Sin duda, desde entonces hemos visto cómo es más común que las *selfies* formen parte de nuestra vida, y a veces no por razones humildes.

No me malentiendas. No estoy totalmente en contra de las *selfies*. Pueden ser una linda forma de guardar un recuerdo de un momento especial cuando no tienes a alguien más que tome la fotografía. Pero hay algo escurridizo que puede correr en nuestro corazón cuando tomamos una *selfie*. Lo sé porque a veces lo percibo en mi propio corazón.

Es posible que a veces no tomemos una *selfie* para tener un recuerdo del momento, sino para tener un recuerdo de *nosotros* en el centro del momento. No tomamos la foto para capturar una imagen del paisaje, sino para bloquear la visión del paisaje con *nuestra imagen*... y por eso podemos amar las *selfies*. Fuimos hechos para la gloria de Dios, para que otros

---

1. "First selfie", *Guinness World Records*. https://www.guinnessworldrecords.com/world-records/114019-first-selfie.

2. «"Selfie" named by Oxford Dictionaries as word of 2013», *BBC News*, 19 de noviembre 2013. https://www.bbc.com/news/uk-24992393.

puedan verlo a Él en nosotros, pero vivimos obsesionados con que *nosotros* seamos vistos en el centro.

Esto no significa que las personas que no se toman *selfies* son menos pecadores que las que sí. Tampoco significa que toda *selfie* es pecaminosa. Según la Biblia, somos amados por Dios a pesar de que *todos* somos más egocéntricos y pecadores de lo que creemos (Rom. 3:9-18). No necesitamos tomarnos *selfies* o tener una presencia en redes sociales para vivir centrados en nosotros mismos, en lo que pensamos, lo que otros piensan de nosotros y lo que creemos que saciará nuestra vida. Pero la popularidad de las *selfies* es una evidencia que apunta a esta tendencia en nosotros.

Las implicaciones de nuestra inclinación a buscar la gloria en otra cosa aparte de Dios son masivas para nuestro uso de las redes sociales. Y todo comenzó en un jardín.

LA ESENCIA DEL PECADO

Dios le dijo a Adán y Eva: «De todo árbol del huerto podrás comer, pero del árbol del conocimiento del bien y del mal no comerás, porque el día que de él comas, ciertamente morirás» (Gén. 2:16-17). A primera vista, esta prohibición parece rara. Si Dios no quería que ellos desobedecieran, ¿por qué les da una ocasión de hacerlo al colocar en el Jardín un árbol del cual no podían comer? ¿Por qué el fruto de este árbol estaba prohibido si *todos* los árboles eran buenos (Gén. 1:31)? ¿Por qué Dios no ofrece una explicación más extensa para la prohibición, más allá de solo decirnos la consecuencia de transgredirla?

No tenemos una respuesta definitiva a estas preguntas que aborde *todo* sobre ellas, pero en la Biblia hay algunas verdades que necesitamos considerar frente a estos interrogantes. En primer lugar, Adán y Eva no tenían razón alguna para violentar el mandato de Dios. Ya tenían muchos otros árboles buenos y hermosos, y Dios ya había mostrado Su bondad al crearlos a Su imagen para que disfrutaran de Él por siempre. *Todo el resto del mundo ya estaba en manos de Adán y Eva.* Así que la prohibición del fruto de aquel árbol, aunque extraña para nosotros, no era una decisión egoísta porque venía de un Dios generoso.

Además, si Dios les hubiera explicado con detalle por qué *ese* árbol en particular estaba prohibido, tal vez ellos no lo hubieran entendido de la misma forma en que un niño de siete años no puede entender todo lo que dice su padre.[3] Así que el mandamiento de Dios puede verse como una invitación a confiar en Él, y no solo como una prohibición a comer del árbol. Es como si Dios les dijera:

Yo les *ordeno* que disfruten todos los frutos de este Jardín excepto los de *este* único árbol, y quiero que me obedezcan porque me aman y empezaron a probar mi bondad, no porque ya entiendan absolutamente todos mis caminos (aún no los entienden). Si ustedes están tan satisfechos en Mí que pueden ser obedientes incluso cuando no entienden por completo mis mandamientos, entonces mi gloria será más exaltada que si ustedes solo me obedecieran porque entienden que así ganarían algo de Mí. Ustedes

---

3. Esta ilustración está inspirada en la explicación que Timothy Keller ofrece a este asunto, citada en: Steven Morales, «¿Por qué puso Dios el árbol del conocimiento del bien y del mal en el jardín de Eden?», *Cultiva*, 9 de junio, 2016. https://www.coalicionporelevangelio.org/entradas/steven-morales/por-que-puso-dios-el-arbol-del-conocimiento-del-bien-y-del-mal-en-el-jardin-de-eden/.

demostrarían así que me aman a Mí más que a las cosas que puedo darles.

En otras palabras, quiero que estén dispuestos a seguir Mi voz no porque están simplemente hechos o programados para hacerlo, sino porque quieren mostrarme que me aman y confían en Mí en respuesta a Mi amor por ustedes. Así me darán gloria al deleitarse en Mí más que en lo que puedan obtener de Mí. Así me glorificarán al caminar confiando en Mi Palabra en vez de pretender redefinir lo que es bueno o malo.[4]

La tragedia de la humanidad es que preferimos la voz de una criatura antigua, una serpiente, que se rebeló contra Dios y que nos tentó a creer que Él es egoísta y mentiroso: «¿Conque Dios les ha dicho: "No comerán de ningún árbol del huerto"? [...] Ciertamente no morirán. Pues Dios sabe que el día que de él coman, se les abrirán los ojos y ustedes serán como Dios, conociendo el bien y el mal» (Gén. 3:1-5). Luego de aquel mordisco, el mundo no ha vuelto a ser el mismo.

La oferta de la serpiente —una oferta que sigue presente en nuestra época digital— era ser como Dios de una manera diferente a la que Dios quiere. Como resultado de la desobediencia, ahora conocemos el bien y el mal (Gén. 3:22) en un sentido distinto a aquel en que lo conoce Dios. Él sabe lo que es bueno y malo porque Su carácter y santidad definen lo bueno y lo malo; nosotros conocemos lo que es bueno y

---

4. Esta paráfrasis hecha por mí está inspirada y basada en la presentada por Keller en la nota anterior y la presentada por Sinclair Ferguson en *El Cristo Completo: Legalismo, antinomismo & la seguridad del evangelio: Una controversia antigua para hoy* (Colombia: Poiema Publicaciones, 2019), 81.

malo porque manchamos nuestras manos al hacer lo malo. Rechazamos al Dios que nos hizo para Su gloria.

Esto es crucial para toda nuestra fe y cada área de nuestra vida, incluyendo nuestro uso de las redes sociales. Así aprendemos que la esencia del pecado consiste en no buscar nuestro gozo en Dios y en el conocimiento diario de Él. Es vivir sin considerarlo como la realidad máxima que debe gobernar nuestra vida. Es vivir en rebelión a Su Palabra, y en cambio conducirnos primeramente por nuestras propias ideas o lo que otros digan.

El pecado es menospreciar la gloria del Señor y pretender colocar cualquier otra cosa en el centro del universo (Rom. 1:18-25). Todo pecado en realidad es idolatría: confiar en que hallaremos en cualquier otra cosa, lugar o persona, el gozo, significado y esperanza que solo está en el Dios que nos hizo para Él. Mentimos porque creemos que eso será más seguro para nosotros que andar en la verdad. Codiciamos porque creemos que tener lo de alguien más llenaría nuestra vida. El Señor lo explicó así: «Porque dos males ha hecho mi pueblo: Me han abandonado a mí, fuente de aguas vivas, y han cavado para sí cisternas, cisternas agrietadas que no retienen el agua» (Jer. 2:13). Esta es la esencia del mal y la idolatría.

Nos resulta imposible no adorar algo porque fuimos hechos para adorar. Así que, si no vivimos para adorar a Dios, inevitablemente estamos adorando a cualquier otra cosa (con frecuencia, a nosotros mismos). Esto nos lleva a la muerte y nos hace merecedores de ella.

LA CAÍDA DEL ACANTILADO

Según un estudio global hecho en 2018, 259 personas murieron entre 2011 y 2017 al intentar tomarse una *selfie* en situaciones extremas.[5] Es posible que la cifra real sea mayor. Una de las cosas más irónicas sobre las muertes por *selfie* es que no se reportan lo suficiente.

Un artículo de la BBC pregunta: ¿Por qué ocurre este fenómeno de las muertes por *selfie*? Respuesta sugerida: «Lo cierto es que cuanto mejor sea un *selfie*, más "me gusta" y más seguidores se pueden conseguir en redes sociales».[6] ¿No son espectaculares las *selfies* tomadas al borde de acantilados asombrosos? El artículo menciona a personas conocidas por sus *selfies* extremas:

El ruso Kirill Oreshkin es seguido por 17 900 personas y es conocido por sus fotos posando en arriesgadas situaciones en lo alto de edificios. Usuarios de Instagram como Drewsssik también lograron un gran número de seguidores con fotos tomadas en la parte superior de estructuras altas. Su caso [el de Drewsssik] acabó en tragedia en 2015 cuando murió después de caer de un edificio. En octubre de 2016, una niña rusa de 12 años, conocida como Oksana B., falleció después de subir a un balcón para tomarse un *selfie*. Lograron imágenes espectaculares, pero a un muy alto precio.[7]

---

5. Agam Bansal, Chandan Garg, Abhijith Pakhare, Samiksha Gupta, "Selfies: A boon or bane?", *Journal of Family Medicine and Primary Care*, volumen 7, número 4, Julio — Agosto, 2018. https://www.ncbi.nlm.nih.gov/pmc/articles/PMC6131996/.

6. "El creciente número de muertes por tomarse selfies y cómo investigadores buscan detenerlo con una aplicación", *BBC Mundo*, 18 de noviembre, 2016. https://www.bbc.com/mundo/noticias-38022298.

7. Ibid.

¿Cuándo y cómo comenzó esta tendencia en la humanidad? La Biblia presenta la respuesta.

Génesis 3 revela que la primera muerte por *selfie* ocurrió en el Edén. Sí, Robert Cornelius es el autor de la primera fotografía *selfie*, pero Adán y Eva fueron los autores del primer *momento selfie*. Dios nos hizo para que nuestra vida fuera como una fotografía con Él en el centro de manera que, cuando otros nos vean, puedan verlo también a Él. Pero en cambio decidimos ser como una fotografía «espectacular» en la que nos glorificamos a nosotros mismos para luego glorificar otro millón de cosas y llenarnos de ídolos.

Sacamos a Dios del cuadro y nos colocamos en el centro de la imagen, como en una *selfie*, pensando que eso nos haría más felices que vivir confiando en Él. Así ocurrió nuestra caída al acantilado de la perdición. La humanidad sigue en descenso libre mientras nos gusta pensar que aquel momento de gloria *selfie* valió la pena. La verdad que tratamos de evadir desde entonces es incómoda. Sin Dios, nuestra vida no es una imagen tan espectacular después de todo.

Así que si alguna vez has sentido que el mundo no es lo que debería ser, y que nada parece tener lógica ni valer la pena, esta es la razón: toda la creación fue afectada por nuestro pecado. Por eso sentimos una falta de armonía en nosotros y a nuestro alrededor.

EL EFECTO DEL PECADO

Desde aquel primer momento *selfie*, nuestra tendencia es buscar la gloria de lo creado en vez de la gloria del Creador. Esto permea todo lo que hacemos, incluso nuestras horas de conexión digital (Rom. 3:10-18). «Cada tecnología es una expresión de la voluntad humana. A través de nuestras herramientas, buscamos expandir nuestro poder y control sobre nuestras circunstancias: sobre la naturaleza, el tiempo y la distancia, unos sobre otros».[8] Y no es malo en sí mismo desarrollar tecnologías, pues cultivar el Jardín y llenar la tierra de la gloria de Dios implica eso, pero luego de la caída nuestra voluntad se volvió esclava del pecado (Juan 8:34). Esto influye en cómo usamos las *apps* en nuestros teléfonos, nuestras computadoras y nuestros televisores.

Esto explica por qué nuestras publicaciones en redes sociales a menudo se tratan más sobre nosotros o sobre cualquier otra cosa que sobre Dios, y por qué solemos conducirnos según *nuestra* sabiduría en el uso de la tecnología en vez de ser más intencionales en procurar la sabiduría de Dios revelada en Su Palabra. En Internet perseguimos un montón de ídolos creyendo que eso nos hará felices, tales como la moda, lo viral, la aprobación de los demás. Al mismo tiempo, sentimos que nuestro poder aumenta y somos un poco más como Dios. Desde la pantalla de nuestro teléfono podemos ver imágenes al instante sobre la vida de otras personas, y hacer que nuestra voz llegue a cientos de kilómetros de distancia, como si fuéramos más como el Señor, quien lo conoce todo y es capaz de llevar Su voz a todas partes.

Por otro lado, el pecado afecta negativamente las actividades únicas de la humanidad, y nos inclina a las redes sociales para buscar algún consuelo. Por ejemplo, nuestro trabajo no es lo mismo de este lado de la caída, y por eso a veces sentimos

---

8. Nicholas Carr, *The Shallows*, 44. Esta declaración está en total sintonía con la teología bíblica, puesto que ella nos enseña que siempre hacemos las cosas según lo que perseguimos con nuestro corazón.

que no tiene propósito (Gén. 3:17-19; Ecl. 1:3). Entonces nos resulta más agradable y razonable distraernos en Internet. La falta de sentido nos inclina a la procrastinación y a buscar la distracción. Sin embargo, en la web nos vemos tarde o temprano comparándonos con otros y no obtenemos verdadero descanso, en especial cuando notamos que nuestro valor allí ante los demás va ligado a nuestros logros o lo que otros piensan de nosotros.

Al mismo tiempo, cada conversación que tenemos con alguien es una conversación que involucra a pecadores, donde tarde o temprano mi pecado o el del otro será evidente —nuestro orgullo, temor, impaciencia, egoísmo, vanidad, hipocresía, envidia, falta de sabiduría—, lo cual no es agradable. Esto contribuye a que prefiramos sumergirnos en las redes sociales en vez de hablar con la persona que tenemos en frente en una mesa, intercambiando ideas y pensamientos, siendo retados y dispuestos a ser vulnerables. También nos ayuda a preferir la conversación mediada (*online*) en vez de la conversación cara a cara, ya que podemos editar mejor nuestras palabras o aspecto allí, y otros también pueden hacerlo.[9]

Y mientras el pecado es lo que lleva a muchas personas a las redes sociales, también puede ser la razón por la que muchos pueden huir de ellas, no por simple indiferencia a ellas sino por *temor* a ser expuestos, sentirse inferiores a los demás (no queremos que otros vean que nuestra vida no es espectacular), o preferir adorar a sus ídolos de maneras más análogas. (De nuevo, no necesitamos estar en redes sociales

---

9. Para más sobre el tema de este párrafo, aunque desde una perspectiva secular, recomiendo *En defensa de la conversación: El poder de la conversación en la era digital* (Ático de los libros, 2017), por Sherry Turkle.

para ser pecadores). Recuerdo cuando por un tiempo dejé de interactuar con amigos en redes sociales en parte (lo entendí después) para que otros me percibieran como muy ocupado y así buscar tener algo de gloria para mí de esa manera, por mi idolatría a la aprobación de los demás.

En mis conversaciones con muchas personas a lo largo de los años sobre este tema, he aprendido que algunas personas *aman* lucir bien en redes sociales por temor al hombre mientras otras no quieren estar en redes sociales y ser juzgadas allí por la misma razón. También conozco a creyentes que se sienten automáticamente más espirituales y virtuosos por no estar en Facebook, lo cual es un serio problema según la Biblia. Estos son solo algunos ejemplos de cómo el pecado no solo impulsa nuestro uso de las redes sociales sino también nuestro desuso de ellas.

Nuestra inventiva para pecar parece no tener fin. Las ramificaciones del pecado en nosotros son innumerables. Sin embargo, en el resto de este capítulo quisiera enfocarme en cómo el pecado está detrás de nuestra sed de aprobación social y nuestra sed de distracción. Estas son dos realidades particulares de nuestro corazón que, como exploramos en la primera parte del libro, las redes sociales aprovechan para captar nuestra atención.

LA REALIDAD DE NUESTRA SED DE APROBACIÓN

Dios diseñó la forma en que funcionamos, con dopamina incluida. Esto significa que la alegría que podemos sentir al ser aprobados por otros no es algo malo en sí mismo ni en todos los casos. A fin de cuentas, el creyente fiel desea escuchar en el último día las palabras «Bien, siervo bueno y fiel» saliendo de los labios de Jesús (Mat. 26:21). Como explicó C. S. Lewis:

> El placer ante el elogio no es orgullo. El niño al que se felicita por haberse aprendido bien su lección, la mujer cuya belleza es alabada por su amante, el alma redimida a la que Cristo dice "Bien hecho", se sienten complacidos, y así debería ser. Porque aquí el placer reside no en lo que somos, sino en el hecho de que hemos complacido a alguien a quien queríamos (y con razón) complacer. El problema empieza cuando se pasa de pensar "Le he complacido: todo está bien", a pensar: "Qué estupenda persona debo ser para haberlo hecho". Cuanto más nos deleitamos en nosotros mismos y menos en el elogio, peores nos hacemos.[10]

Así que no es pecado en sí mismo sentir alegría cuando otros te aprueban. Se convierte en pecado cuando te sientes satisfecho en ti mismo por la aprobación de otros o te crees superior a ellos. De hecho, como añade Lewis: «El orgullo auténticamente negro y diabólico viene cuando desprecias tanto a los demás que no te importa lo que piensen de ti».[11]

Lamentablemente, nosotros hemos aprovechado lo que sabemos acerca de la dopamina para ganancia propia mientras

---

10. C. S. Lewis, *Mero Cristianismo*, loc. 1690. Kindle.

11. Ibid, loc. 1700. Lewis añade: «Naturalmente está muy bien, y a menudo es un deber, el no importarnos lo que los demás piensen de nosotros, si lo hacemos por las razones adecuadas; por ejemplo, porque nos importe muchísimo más lo que piense Dios. Pero la razón por la que al hombre orgulloso no le importa lo que piensen los demás es diferente. Él dice: "¿Por qué iba a importarme el aplauso de esa gentuza, como si su opinión valiera para algo? E incluso si su opinión tuviera algún valor, ¿soy yo la clase de hombre que se ruboriza de placer ante un cumplido como una damisela en su primer baile? No, yo soy una personalidad íntegra y adulta"».

manipulamos a otros. Es lo que hacen las redes sociales. Y nuestro pecado también nos lleva a vivir de manera egocéntrica. Tiene sentido pensar que luego de la caída queramos la aprobación de otros, para sentir que nuestra *selfie* sin Dios es una imagen espectacular y así validar nuestra existencia. Más aún, cuando experimentamos placer al ser aprobados por otras personas, es fácil idolatrar esa sensación de placer y a las personas que la proveen. Empezamos a desear la aprobación de otros como si eso fuera a llenar nuestra vida. O como otros han dicho, empezamos a necesitar a las personas, para suplir este anhelo que sentimos, en lugar de amarlas.[12]

Todos queremos ser juzgados y hallados aprobados. Queremos que nuestra supervivencia de alguna forma esté justificada por alguien más, y sentir la seguridad de que vale la pena que vivamos en este mundo. Desde la caída, nuestra tendencia es buscar esa seguridad en la alabanza de otras personas y no en el Dios que nos hizo para Él. Y las redes sociales explotan para sus beneficios este desorden en nosotros.

LA REALIDAD DE NUESTRA SED DE DISTRACCIÓN

Al mismo tiempo, en nosotros hay una sed profunda de distracción que nos lleva a buscar el ruido y acudir fácilmente a nuestro teléfono en momentos de aburrimiento. Nuestra caída nos ayuda a entender a qué se debe esta realidad, y de qué queremos distraernos.

---

12. Edward T. Welch, *When People Are Big and God is Small: Overcoming Peer Pressure, Codependency, and the Fear of Man* (Greensboro, NC: New Growth Press, 2011), 135-152.

Muchos pensadores cristianos han encontrado útiles las reflexiones al respecto del filósofo Blaise Pascal, escritas hace casi 400 años, y me han ayudado a mí también.[13] Para Pascal, nuestra infelicidad está asociada a nuestra renuencia a estar a solas y callados con nuestros pensamientos. Por eso buscamos distracción:

La distracción es la única cosa que nos consuela por nuestras miserias. Sin embargo, es la mayor de nuestras miserias. Por encima de todo, es lo que nos impide pensar en nosotros y así nos conduce imperceptiblemente a la destrucción. Pero para esto deberíamos estar aburridos, y el aburrimiento nos llevaría a buscar algunos medios más confiables de escape, pero la distracción pasa nuestro tiempo y nos trae imperceptiblemente a nuestra muerte.[14]

Hablando de los jóvenes (aunque sus palabras se aplican a todos nosotros), Pascal también escribió: «Quíteles su diversión y usted los encontrará aburridos al extremo. Entonces ellos sienten su vacío sin reconocerlo racionalmente. Ya que nada puede ser más miserable que estar insoportablemente deprimido tan pronto como uno es reducido a la introspección sin medios de distracción».[15] ¿Qué quiso decir Pascal con todo esto?

Él entendía que la razón por la que sentimos la necesidad de distracción es porque no podemos soportar sentir la

---

13. Estas ideas de Pascal las compartí anteriormente en mi ebook independiente *Cristiano Generación Facebook: Un llamado a usar las redes sociales para la gloria de Dios* (2014).

14. Blaise Pascal, *Una mente encendida* (Miami, FL: Patmos, 2009), 90.

15. Ibid, 54.

desgracia de vivir sin Dios. Esto ayuda a explicar por qué a veces entramos en estado de pánico cuando notamos que olvidamos nuestro teléfono en casa o no tenemos wifi ni señal mientras esperamos en un lugar a solas. En palabras de otro autor que explica a Pascal:

> Creemos que queremos paz y silencio, libertad y ocio, pero en el fondo sabemos que esto sería insoportable para nosotros [...] Queremos complicar nuestras vidas. No tenemos que hacerlo, queremos hacerlo. Queremos ser acosados, molestados y ocupados. Inconscientemente, queremos lo mismo de lo que nos quejamos. Porque si tuviéramos tiempo libre, nos miraríamos a nosotros mismos y escucharíamos nuestros corazones y veríamos el gran agujero abierto en nuestros corazones y estaríamos aterrorizados, porque ese agujero es tan grande que solo Dios puede llenarlo.[16]

Tal vez no estés de acuerdo con esto. Casi nadie dice para sí mismo: «Voy a distraerme para no pensar en Dios». No. Por lo general, nos distraemos para no pensar en nuestros problemas inmediatos. Pero resulta que, estemos conscientes de eso o no, la justicia de Dios es el mayor de nuestros problemas porque somos pecadores. Así que, según la Biblia, en lo más recóndito de nuestros pensamientos queremos ignorar que nuestra vida *selfie,* sin Dios, es horrible y miserable. Jesús enseñó que «todo el que hace lo malo odia la luz, y no viene a la luz para que sus acciones no sean expuestas» (Juan 3:19). Es decir, todo el que ha buscado saciar su vida con otras fuentes

---

16. Peter Kreeft citado en: Tony Reinke, *12 Ways,* pp. 45-46.

aparte de Dios, despreciándolo a Él, no quiere verse expuesto. No queremos ser confrontados con nuestro pecado, nuestra finitud, y nuestras debilidades. Romanos 3:10-13 enseña que el hombre separado de Dios no busca en realidad a Dios. Y esto, junto al hecho de ser hechos a imagen de un Dios social, es determinante en el auge de las redes sociales.

Sin embargo, por más que lo intentemos, es imposible ignorar completamente nuestro vacío y a Dios porque toda la creación testifica de Él a gritos (Rom. 1:18-20; 2:14-16; Sal. 19:1). Por tanto, ninguna distracción termina por ser suficiente. Entonces queremos más y más entretenimiento, lo cual nos roba alegría porque no somos llamados a vivir una vida distraída.

Somos llamados a deleitarnos en la creación de Dios y en las cosas buenas que creamos, mientras seguimos nuestras vocaciones y cultivamos este mundo. Todo en gratitud a Dios y *gozándonos primero en Él*, teniendo también tiempos de descanso para disfrutar de Su gracia. Pero las tecnologías de distracción nos dificultan esto. Cuando nos distraemos con lo último en redes sociales terminamos gozándonos menos en los paisajes hermosos que visitamos, las conversaciones entre familia y la buena música. No disfrutamos de profundizar en nuestra relación con Dios por medio de la lectura de la Biblia y la oración. Sentimos menos insatisfacción por nuestra negligencia al trabajar, por desperdiciar tiempo en Internet y rechazar así vivir conforme a nuestro diseño. ¿Y cómo descansar realmente y experimentar paz si sentimos que necesitamos más distracción para vivir con plenitud? Esto es esclavizante. De ahí que nuestro corazón viva inquieto sin hallar el descanso apropiado.

En conclusión, nos gusta el ruido porque nos ayuda a ignorar nuestra condición de miseria espiritual y separación de Dios. Esto contribuye de manera especial a nuestra ansiedad por consumir cosas y distraernos con lo último que nos presente la tecnología. El silencio y el aburrimiento son cosas que percibimos como demasiado arriesgadas, al igual que el deleite profundo que debería movernos a la adoración y gratitud a Dios, debido a nuestro pecado. Ver historias en Instagram es más cómodo, seguro y fácil. Así que se requiere mucha valentía para salir de las arenas movedizas de las distracciones, el consumismo y las fantasías modernas que nos envuelven hoy por medio de tecnologías como las redes sociales.

NUESTRA ÚNICA ESPERANZA

La gran pregunta para hacernos frente a esto es: ¿existe alguna forma en que podamos ser libres de nuestra sed de distracción? En otras palabras, ¿hay alguna forma en que podamos tener la valentía necesaria para dejar de tener miedo de reconocer nuestra miseria y la realidad de Dios? Sí hay una forma. Y se trata de la mejor noticia en el universo. Es la misma noticia gloriosa que nos salva del acantilado y además nos libra de vivir para la aprobación de los demás.

Por ahora, la conclusión bíblica es que nuestro crimen es tan grande que no merecemos el amor de Dios. Las consecuencias de rechazar el gozo infinito de nuestro Dios son infinitamente dolorosas. *Pero Él nos ama.* Ama la versión verdadera de nosotros, no la que publicamos en Internet. Desde la eternidad, Él ideó un plan para redimirnos sabiendo que le daríamos la espalda a la luz de Su gloria para adorar nuestra propia sombra, y que nuestra creatividad para esto sería tan grande que incluso impulsaríamos desarrollos tecnológicos para nuestra idolatría.

En aquel Jardín del Edén, Dios prometió que algún día nacería un Salvador para nosotros que aplastaría a la serpiente (Gén. 3:15). Toda la historia de la Biblia es el relato de cómo ese plan es ejecutado mientras Dios nos muestra más de Su gloria. Este plan culmina en la obra gloriosa de Su Hijo Jesucristo (Lúc. 24:25-27). Él es el protagonista de la Biblia.[17] De esto se trata el evangelio, de que el Creador irrumpió en la historia de la humanidad. Entró al tiempo y el espacio por amor a nosotros y para reconciliarnos con Él. Dios hizo esto en la persona de Su Hijo, quien tomó sobre Sí nuestra naturaleza humana. Se hizo un hombre de carne y hueso sin pecado, y vivió la vida que no pudimos ni podríamos vivir (Rom. 8:3; 5:19).

Solo en Él podemos conocer y deleitarnos en la gloria de Dios de una manera totalmente única, como nunca antes: «El Verbo se hizo carne, y habitó entre nosotros, y vimos Su gloria, gloria como del unigénito del Padre, lleno de gracia y de verdad» (Juan 1:14). El Hijo reflejó perfectamente a Su Padre: «El que Me ha visto a Mí, ha visto al Padre» (Juan 14:9). «Él es la imagen del Dios invisible, el primogénito de toda creación» (Col. 1:15). Dios había hablado antes a la humanidad en la historia de Israel y Sus palabras a ellos,

---

17. Para conocer más sobre esto, te invito a leer mis artículos: "¿Por qué importa ver a Jesús en toda la Biblia?", "¿Cómo el protagonismo de Cristo transforma nuestra lectura de la Biblia?", y "¿Cómo aprender a ver a Jesús en el Antiguo Testamento?", disponibles en el sitio web de Coalición por el Evangelio. https://www.coalicionporelevangelio.org /articulo/importa-ver-jesus-toda-la-biblia-preguntas-biblicas. https://www.coalicionpor elevangelio.org/articulo/protagonismo-cristo-transforma-nuestra-lectura-la-biblia. https:// www.coalicionporelevangelio.org/articulo/aprender-ver-jesus-antiguo-testamento.

pero ahora «en estos últimos días nos ha hablado por Su Hijo, a quien constituyó heredero de todas las cosas, por medio de quien hizo también el universo. Él es el resplandor de Su gloria y la expresión exacta de Su naturaleza, y sostiene todas las cosas por la palabra de Su poder» (Heb. 2:3).

Si hay esperanza para nosotros, si alguien puede salvarnos de nuestra caída libre a la desintegración y muerte eterna que produce el pecado, aquí está. Aquel que es el resplandor de la gloria de Dios es Aquel que puede llevarnos a reflejarla también y vivir con gozo en Dios en medio de nuestra generación distraída. Solo por medio de Él tenemos acceso a un deleite que lo cambia todo, incluso la forma en que usamos las redes sociales, de manera que también allí podamos ser buenas fotografías del carácter amoroso, paciente, justo e íntegro de nuestro Creador.

De hecho, el apóstol Pablo nos explica el crecimiento espiritual así: «Todos nosotros, con el rostro descubierto, contemplando como en un espejo la gloria del Señor, estamos siendo transformados en la misma imagen de gloria en gloria, como por el Señor, el Espíritu» (2 Cor. 3:18). La gloria de Cristo es una gloria que hoy no se percibe con nuestra vista humana, sino espiritualmente. ¿Y dónde podemos verla? En el evangelio por medio del cual somos renovados en nuestro interior para que podamos glorificar a Dios en nuestra vida (2 Cor. 4:3-6; 5:17).[18]

Así que los cristianos somos como rollos fotográficos que resultan transformados por la impresión de la luz. Así como en estos rollos se imprime una imagen cuando son expuestos

---

18. Esta idea fue desarrollada más en el libro *Jóvenes por su causa: De las tinieblas a la luz* (Poiema Publicaciones, 2019), 77-86.

a la luz, o como la imagen de Robert Cornelius fue plasmada en una placa metálica, la imagen de Cristo es impresa en nosotros cuando contemplamos Su gloria. Así nos convertimos en fotografías de Jesús, por decirlo de alguna manera. Su gloria nos transforma para que seamos buenos *retuits* de Él.

Por lo tanto, *necesitamos darle nuestra atención al Hijo de Dios y no a los ídolos de nuestra cultura*, disponibles en el mercado de idolatría que pueden ser las redes sociales. Necesitamos escucharlo en vez de prestar nuestros oídos a la serpiente. Necesitamos que Él detenga nuestro descenso en el acantilado. Necesitamos atesorar a Cristo para profundizar más en Su evangelio y la gracia que nos ofrece. Necesitamos tener nuestros ojos fijos en Cristo. Aunque las redes sociales de este mundo tengan otro plan para nuestra atención.

— 7 —

EL GRAN INTERCAMBIO
DE PERFILES

LISA LI ERA una *influencer* que parecía tenerlo todo. Su vida lucía perfecta mientas era amada y admirada por su legión de seguidores en redes sociales. Sin embargo, ella ocultaba un secreto oscuro. Tenía una doble vida que sus *followers* no imaginaban. «Su historia no es la de una espía que trabaja al servicio de un gobierno o la de una mujer que tiene dos parejas sentimentales», explica un reportaje de la BBC. En cambio:

> La «doble vida» de Lisa Li era la poca limpieza que tenía en su casa, cuya situación fue expuesta por la propietaria del departamento donde vive. Las imágenes publicadas, que muestran la vivienda de la joven bloguera, llena de basura, comida con moho y excremento de perro, se volvieron virales... Esta «mujer hermosa» que se presenta en las redes sociales contrasta con la mujer «repugnante» que

dejó su apartamento hecho un desastre, le dijo la dueña a *Pear Video* en una entrevista.[1]

Me reí en voz alta cuando leí esta noticia hace varios meses. Mi cara parecía un emoji 😂. Sin embargo, una idea incómoda cobró fuerza en mi mente mientras seguí leyendo sobre Lisa Li: *yo soy como ella*. Soy peor de lo que la gente cree que soy. Mi vida por fuera, y en redes sociales, luce muy linda en comparación a cómo soy en realidad.

La Biblia revela la verdad detrás de nuestra apariencia. Nuestros perfiles sociales pueden mostrar muchas cosas buenas y positivas de nosotros, pero ante Dios nuestro «perfil espiritual» cuenta una historia muy distinta. Hemos sido idólatras que le han dado la espalda al Dios que nos hizo para Su gloria. Sin Él, la casa de nuestro corazón está llena de la suciedad del pecado. Como hemos visto, esta realidad explica buena parte del éxito de las redes sociales y por qué nos comportamos en ellas como lo hacemos.

C. S. Lewis habló del infierno «como un estado en el que todo el mundo está perpetuamente pendiente de su propia dignidad y de su propio enaltecimiento, en el que todos se sienten agraviados, y en el que todos viven las pasiones mortalmente serias que son la envidia, la presunción y el resentimiento».[2] ¡Esto es lo que vemos a menudo en redes sociales! Navegar en

---

1. Kerry Allen, «Lisa Li: la "doble vida" de la influencer china a quien la dueña de su casa puso en evidencia ante miles de seguidores», *BBC Mundo*, 26 de septiembre, 2019. https://www.bbc.com/mundo/noticias-49846771.

2. C. S. Lewis, *Cartas del diablo a su sobrino* (Harper Collins, 2014), loc. 104, Kindle. El señalamiento de la similitud entre lo que solemos ver en las redes sociales y las palabras de Lewis sobre el infierno fue hecho primero por Drew Dyck en *Your Future Self Will Thank You: Secrets to Self-Control from the Bible and Brain Science (A Guide for Sinners, Quitters, and Procrastinators)* (Chicago, Illinois: Moody Publishers, 2019), 171.

ellas nos brinda una experiencia similar a la del apóstol Pablo en Atenas: vemos idolatría casi en todas partes (Hech. 17:16). Twitter, por ejemplo, a veces parece una sucursal del infierno (algo que sus propios creadores parecen admitir).[3] Y si la tierra prometida en la Biblia es descrita como aquella donde fluye leche y miel, Instagram es la tierra donde fluye la vanidad.

De nuevo, esto también tiene que ver conmigo. También he usado las redes sociales para mi enaltecimiento y, movido por pasiones mortalmente serias, no he sido la persona más sabia en cultivar y administrar mejor mi atención. Incluso como creyente, a menudo «no practico lo que quiero hacer, sino que lo que aborrezco, eso hago» (Rom. 7:15).

Aunque el diseño de las redes fomenta estas actitudes, ellas no las plantan en nosotros. Las redes sociales evidencian en distintos grados un desorden profundo en el corazón, pero no causan ese desorden. Si las redes y lo que podemos obtener en ellas nos resulta más atractivo que la gloria de Dios, ¿qué crees que dice eso de nosotros? No podemos culpar a las redes por nuestro pecado ni por nuestra sed de aprobación y distracción, aunque ellas las aprovechan para ganar dinero.

Así que, aquí están la preguntas que quiero hacerte en este punto del libro: ¿No quisieras ser diferente? ¿No quisieras ser menos susceptible a los efectos de las redes sociales y la manipulación en ellas? ¿No quisieras estar satisfecho en Dios, de tal manera que no tengas que tratar de llenar tu vida con algo más que nunca podrá darte verdadera satisfacción, como los «me gusta» de las personas y las montañas rusas de entretenimiento?

---

3. «How Twitter Needs to Change | Jack Dorsey», TED, 7 de junio, 2019. https://www.youtube.com/watch?v=BcgDvEdGEXg.

Si has respondido *sí* a estas preguntas, tengo una mala noticia para ti: ninguno de nosotros puede vivir así en sus propias fuerzas. Sin embargo, tengo otra noticia que empezamos a abordar en el capítulo anterior: hay Alguien que sí vivió así. Si has creído el evangelio, ya lo conoces.

EL SECRETO DE JESÚS

20 000 seguidores; luego 19 000; luego, 18 000... Mi cantidad de seguidores disminuía en Twitter. Siguió descendiendo como el *Titanic* en medio del océano. ¡Hasta podía imaginarme los violines sonar siempre que veía mi número de seguidores bajar! Lo entendí bien. ¿Quién quiere seguir una cuenta conocida por su contenido sarcástico para luego, de la noche a la mañana, encontrarse con que la persona detrás de esa cuenta se siente llamada a predicar el evangelio y empieza a compartir versículos bíblicos y reflexiones teológicas?

En la introducción a este libro te conté que no me importó perder mi «influencia» cuando vislumbré mejor la suficiencia de Dios en el evangelio. Pero la verdad es que no soy un tipo tan espiritual. Te seré honesto: en un comienzo sí me importó. Sentía que la gente en Internet empezó a verme como miras a una cucaracha que aparece corriendo en medio de la cocina de tu casa a la mitad de la noche. Me convertí en un bicho raro para la gente que me leía. No sabía qué pensar de esa situación... hasta que leí que Jesús también fue tratado como un bicho raro por personas que dejaron de seguirlo.

En Juan 6, vemos que el Mesías les dice a Sus seguidores cosas que ellos no entienden, o mejor dicho, que no quieren entender. Cosas incómodas como: «Yo soy el pan de la vida; el que viene a Mí no tendrá hambre, y el que cree en Mí nunca tendrá sed» (lo que implica: *ustedes me necesitan para vivir con satisfacción*); «Nadie puede venir a Mí si no lo trae el Padre que me envió, y Yo lo resucitaré en el día final» (lo que implica: *ustedes son tan pecadores que no pueden venir a Dios por ustedes mismos y solo yo puedo darles salvación*); y «Como el Padre que vive me envió, y Yo vivo por el Padre, asimismo el que me come, él también vivirá por Mí». Jesús estaba usando metáforas para hablar de la fe, ¡pero cuando las personas oyeron esto último creyeron que Él hablaba de canibalismo!

«Por eso muchos de Sus discípulos, cuando oyeron esto, dijeron: "Dura es esta declaración; ¿quién puede escucharla?". [...] Como resultado de esto muchos de Sus discípulos se apartaron y ya no andaban con Él» (Juan 6:60, 66). Esto me impactó. He aquí al Hijo de Dios, lleno de gracia y verdad, perdiendo suscriptores y seguidores. Y entonces, Él hace algo más impactante aún. Jesús mira a Sus discípulos más cercanos, los pocos que habían quedado junto a Él, y les pregunta: «¿Acaso también ustedes quieren irse?» (Juan 6:67).

Esto me dejó perplejo durante días. ¿Cómo Jesús podía tener tal nivel de seguridad personal? ¿Cuál era Su secreto y cómo puedo tener eso en mi vida? Aunque Jesús quería que la gente lo reconociera como lo que Él realmente es, en los Evangelios vemos que *Su sentido de identidad no dependía de la aprobación de la gente*. ¿Cómo era esto posible?

Jesús, Dios hecho hombre, tenía clara Su identidad como Hijo de Dios y por tanto Su misión al venir a este mundo. Él siempre hablaba de Dios como «Mi Padre», «Mi Padre», «Mi Padre», excepto en una sola ocasión. Y como conocía a Su Padre y lo amaba, y estaba feliz en Él, nunca se distrajo de hacer Su voluntad. «Mi comida es hacer la voluntad del que me envió y llevar a cabo Su obra» (Juan 4:34). Él vivió enfocado en la gloria de Dios y satisfecho en Él. Jesús tenía lo que todos nosotros más necesitamos: comunión íntima con Dios y gozo en Su presencia. Y el evangelio, la buena noticia de la Biblia, no se trata simplemente de que Jesús vino a darnos un ejemplo de cómo vivir de esta forma.

Si todo lo que Jesús hace por nosotros es modelarnos cómo deberíamos ser, estamos perdidos. En cierto modo, ya todos nosotros *sabemos* en nuestro interior cómo deberíamos vivir, y sin embargo no lo hacemos (Rom. 2:14). Como ya vimos, el pecado está arraigado en lo más profundo de nuestro corazón y merecemos condenación eterna por nuestra rebelión. Así que necesitamos más que un ejemplo. Necesitamos un Salvador que venga a hacer por nosotros lo que no podemos hacer por nosotros mismos. Necesitamos que Él nos rescate de la caída del acantilado de la muerte y nos lleve a la gloria, y así recibamos una identidad en Él que nos lleve a vivir seguros y satisfechos en Dios —como Él vivió—, sin sentir la necesidad engañosa de buscar nuestra propia gloria y vivir para la distracción. Y eso es justo lo que Él vino a hacer.

EL ESCÁNDALO QUE LO CAMBIA TODO

Dios sabía que escucharíamos la voz de la serpiente. Dios sabía que preferiríamos vivir para nuestra propia gloria en vez de la Suya, despreciando el gozo que solo podemos tener en Él. Dios sabía que nuestro pecado sería mayor de lo que quisiéramos admitir. Y a pesar de eso nos amó. Nos amó de tal manera, con tanta intensidad, que desde la eternidad planeó redimirnos. Planeó que fuéramos reconciliados con Él para deleitarnos en Él. Planeó mostrar Su gloria, desplegar Sus atributos de gracia, justicia, amor y más. Dios planeó entrar a este mundo en la persona de Su Hijo para rescatarnos. Para restaurar en el futuro este mundo manchado por nuestro pecado sin tener que acabar con nosotros.

«Porque de tal manera amó Dios al mundo, que dio a Su Hijo unigénito para que todo aquél que cree en Él, no se pierda, sino que tenga vida eterna» (Juan 3:16). No sé cuántas veces habré escuchado esas palabras. Sin embargo, mi corazón necesita sentir todo el peso de ellas a pesar de lo familiares que pueden ser para mí. *Jesús vino a morir por nosotros.* Él vino a vivir una vida perfecta en nuestro lugar y llevar la muerte que merecemos. Solo así tenemos salvación.

Verás, si Dios escondiera nuestros pecados en el armario y nos recibiera en la comunión con Él como si nada hubiera pasado, sin que hubiera un pago perfecto por nuestros pecados, Dios no sería bueno. Sería un Dios injusto, tal como un juez sería injusto si absolviera, contra toda evidencia, a un político corrupto, a un violador serial o a un asesino. Esto puede sonar exagerado para nosotros en una generación que se ofende con facilidad, pero ante un Dios infinitamente santo no existen pecados pequeños. Todos somos «el peor de los pecadores» (comp. 1 Tim. 1:15), y el pecado ha afectado todas las áreas de nuestra vida (Rom. 3:10-18).

Esto no es fácil de tragar. Es una palabra dura, incluso a veces para mí como creyente. Y por eso el evangelio debe resultarnos tan polémico: Dios promete salvación a *toda clase de pecador* que se arrepiente de sus pecados y cree en Jesús. ¿Cómo puede ser posible? ¿Cómo puede Dios perdonarnos sin dejar de ser justo? ¿Cómo es posible que un malhechor colgado en una cruz, recibiendo ese castigo por su maldad, pueda arrepentirse allí mismo y se le prometa ir al paraíso con Jesús? (Luc. 23:40-43). Esta es la tensión más grande que hay en la Escritura.

En el Antiguo Testamento, Dios promete salvación para Su pueblo y al mismo tiempo promete juicio por la maldad del hombre. Dios promete bendición y al mismo tiempo maldición. Dios promete perdonar los pecados y al mismo tiempo castigarlos (Ex. 34:6-7). Así que, ¿cómo puede el Señor hacer ambas cosas? La clave está en la cruz del Calvario. Este es el punto de Romanos 3:24-26, el párrafo más importante en toda la Biblia:

> Todos son justificados gratuitamente por Su gracia por medio de la redención que es en Cristo Jesús, a quien Dios exhibió públicamente como propiciación por Su sangre a través de la fe, como demostración de Su justicia, porque en Su tolerancia, Dios pasó por alto los pecados cometidos anteriormente, para demostrar en este tiempo Su justicia, a fin de que Él sea justo y sea el que justifica al que tiene fe en Jesús.

El Hijo de Dios en la cruz fue la propiciación por nuestros pecados. Esta es la esencia del evangelio. *Propiciación* significa que Jesús satisfizo la justa ira de Dios en nuestro lugar. Él lo hizo voluntariamente en obediencia a Su Padre (Juan 10:18). Él es nuestro redentor, quien realiza a nuestro favor el pago que no podíamos hacer: el pago del costo real por nuestros pecados de manera que Dios no sea injusto al perdonarnos. Así Dios demuestra Su justicia y al mismo tiempo «justifica al que tiene fe en Jesús», aquel que confía plenamente en la gracia de Dios mostrada en la cruz y renuncia a sus propios intentos de salvación. Como explica John Stott:

> La esencia del pecado es que el ser humano sustituye a Dios con su propia persona, mientras que la esencia de

la salvación es que Dios sustituye al ser humano con su propia persona. El ser humano se rebela contra Dios y se coloca a sí mismo donde solo corresponde que esté Dios. El ser humano pretende tener prerrogativas que le pertenecen solo a Dios; Dios acepta penalidades que le corresponden solo al hombre.[4]

Este es el escándalo más grande de la historia. Es insólito e inesperado. Dios hecho carne soporta la muerte como un criminal —una más vergonzosa que la silla eléctrica— para reconciliarnos y darnos vida eterna junto a Él. Nosotros nos ponemos al centro de la fotografía de nuestra vida con nuestra actitud *selfie*, donde debe estar Dios; Él se pone a Sí mismo en el centro de una cruz donde deberíamos estar nosotros. Y esto revoluciona nuestra vida, incluso la forma en que usamos las redes sociales, como veremos a continuación.

Ahora, no pasemos por alto una palabra muy importante en Romanos 3:24-25. Es la palabra *justificación*. Se dice que somos justificados ante Dios por medio de la fe (comp. Rom. 5:1).[5] Esta palabra crucial en el Nuevo Testamento es un término legal. Pablo la usa para explicar que, cuando nos arrepentimos de nuestro orgullo y creemos en Cristo como nuestro único Salvador, entonces somos declarados *justos ante Dios*, justos ante el tribunal más importante, *aunque* nosotros no seamos justos en nosotros mismos.

En otras palabras, Dios no solo nos perdona, sino que también nos trata y recibe como si siempre hubiéramos obedecido

---

4. John Stott, *La cruz de Cristo* (Buenos Aires: Certeza Unida, 2018), 215.

5. Para más sobre la doctrina bíblica de la justificación solo por fe, recomiendo leer: R. C. Sproul, *Everyone's a Theologian: An Introduction to Systematic Theology* (Reformation Trust Publishing, 2014), capítulo 41.

Su Palabra. Cristo llevó por nosotros el castigo que merecemos; Su vida de obediencia perfecta es puesta en nuestra cuenta ante Dios (Rom. 5:19). Dios mira tu perfil espiritual como si fuera el de Su Hijo... y le da el «me gusta» que tanto necesitamos. Y hace esto porque en la cruz Jesús cargó con nuestro perfil espiritual sucio. Este es el gran intercambio de perfiles. Así es como Dios nos justifica por gracia, para siempre. La tumba vacía es la garantía de que nuestra salvación es segura en Él y de que la muerte no será el final de nuestra vida (Rom. 4:25). Los planes de la serpiente, de impedir que Dios tenga un pueblo que lo glorifique, son arruinados y ahora sus días están contados. Cristo es victorioso y consumará Su reino aquí.

ADOPTADOS POR DIOS

¿Pueden estas noticias ser mejores? ¡Gloria a Dios que sí! El propósito de Jesús, descubrimos rápido al leer el Nuevo Testamento, no es solo salvarnos del infierno y que seamos justificados ante Dios (aunque eso ya es infinitamente glorioso, pues sin justificación no hay evangelio). Jesús también vino para que seamos hijos de Dios *ahora* (Juan 1:12-13; Ef. 2:18).[6] Por eso, en la cruz del Calvario, Jesús no dijo: «*Padre* mío, *Padre* mío, ¿por qué me has abandonado?». Esa es la ocasión en la que no se refirió a Dios como Su Padre. Él dijo «*Dios* mío, *Dios* mío...», porque en la cruz no fue tratado como el Hijo de Dios para que tú y yo podamos ser recibidos en la familia.[7]

---

6. Hablé anteriormente sobre esta idea con palabras similares en *Jóvenes Por Su Causa: De la vergüenza a la gloria* (Poiema Publicaciones, 2020), 99.

7. Estoy en deuda con Timothy Keller por esta observación realizada en el sermón *The Prodigal Sons*, disponible en YouTube. https://www.youtube.com/watch?v=lsTzXI7cJGA.

Nuestra adopción es un privilegio mayor que la justificación porque involucra una relación mucho más íntima de cercanía y amor con Dios. «Miren cuán gran amor nos ha otorgado el Padre: que seamos llamados hijos de Dios» (1 Jn. 3:1). Como explicó J. I. Packer: «Estar en la debida relación con el Dios juez es algo realmente grande, pero es mucho más grande sentirse amado y cuidado por el Dios Padre».[8] El Señor de todo no solo nos perdona y declara justos. También nos hace parte de Su familia y nos sienta a Su mesa.

Así podemos empezar a deleitarnos en Él ahora, mientras aguardamos la consumación de Su reino en este mundo cuando Jesús regrese y acabe con toda tristeza, maldad e injusticia. Nos gozamos no solo como un culpable arrepentido se regocija en su exoneración y perdón, sino también como un hijo se regocija en la compañía de su papá que lo ama. Nuestra identidad está en que somos hijos de Dios *hoy y por siempre*. Si eres creyente, Dios ha puesto Su mano sobre ti y le ha dicho al universo: «Él es Mi hijo». ¿Qué importa que otros te vean como «bicho raro» por hacer la voluntad de Dios para tu vida? No tienes que buscar en la aprobación y alabanza de los demás el gozo que solo la adopción del Padre puede darte.

Por eso, aunque la frase que leímos de Tozer hace algunos capítulos resultó muy iluminadora, ella estaba errada en última instancia. Leímos que «lo que viene a nuestra mente cuando pensamos en Dios es lo más importante sobre nosotros».[9] Pero eso en realidad no es lo más importante sobre nosotros. C. S. Lewis da mejor en el clavo:

---

8. J. I. Packer, *El conocimiento del Dios santo* (Miami, FL: Vida, 2006), 266.

9. Citado en Justin Taylor, «Tozer vs. Lewis».

Leí en una revista el otro día que lo fundamental es lo que pensamos acerca de Dios. ¡Válgame el Cielo! ¡No! No es que sea más importante lo que piensa Dios de nosotros, es que es *infinitamente* más importante. De hecho, nuestros pensamientos sobre él no tienen ninguna importancia, salvo en la medida en que eso tiene que ver con lo que él piensa en cuanto a nosotros. Se ha escrito que debemos «presentarnos ante» él, comparecer, ser inspeccionados. La promesa de la gloria es la promesa, casi increíble y solo posible por la obra de Cristo, de que algunos de nosotros, cualquiera de nosotros a los que realmente elige, en verdad sobreviviremos a ese examen, seremos aprobados, complaceremos a Dios. Complacer a Dios… ser un ingrediente real de la felicidad divina… ser amado por Dios, no solamente objeto de su misericordia, sino objeto de su disfrute, como el de un artista que disfruta de su obra o el de un padre con respecto a su hijo: parece imposible, un peso o una carga de gloria que nuestro pensamiento a duras penas puede sostener. Pero así es.[10]

LA GRACIA NOS TRANSFORMA

Entender que somos en extremo pecadores, que Dios es completamente santo y que por ello Cristo tuvo que morir por nosotros para salvarnos, nos lleva a comprender en realidad la santidad de Dios. Al mismo tiempo, nos muestra el amor de Dios.[11] Jesús no vino al mundo para que el Padre nos amara, sino porque *ya nos amaba* (Juan 3:16; Rom. 5:18).

---

10. C. S. Lewis, *El peso de la gloria* (Harper Collins, 2016), 38-39. Joe Carter hizo primero el contraste entre la frase de Tozer y la cita de Lewis en «Tozer vs. Lewis».

11. Estoy consciente de que esta forma de hablar del amor de Dios y Su santidad puede sugerir a algunos que el amor de Dios y Su santidad son polos opuestos dentro del carácter de Dios que se complementan. ¡Nada está más lejos de la realidad! Estoy

Esto es lo que ocurre, entonces, cuando abrazamos el mensaje de la cruz: estamos agradecidos ante Dios. Esto nos mueve a amarlo. «Nosotros amamos, porque Él nos amó primero» (1 Jn. 4:19). Y ese amor a Dios se expresa en obediencia a Él, como afirmó Jesús: «Si ustedes me aman, guardarán Mis mandamientos» (Juan 14:15). Por lo tanto, la mayor necesidad de un no creyente es conocer este mensaje y creerlo. Y la mayor necesidad de un creyente es seguir profundizando en este evangelio para ser moldeado cada día más por esta gracia increíble. Esto es lo que transforma nuestra vida, incluso nuestra forma de ver las redes sociales. Esto nos satisface.

Esto debe llenarte de seguridad y confianza (¡Dios es tu Padre!), mientras te hace humilde y agradecido (esta adopción es por gracia). Esto debe influir en cómo vives para Dios y profundizas en tu relación con Él al darle tu atención sobre todas las cosas. Esto impacta la forma en que te conduces cuando estás conectado. Ahora tenemos el «me gusta» de Dios y no dependemos del «me gusta» de la gente. Y ahora tenemos la valentía necesaria para dejar de temer reconocer nuestra miseria y la realidad de Dios; somos libres de la sed de distracción. No tememos acercarnos al Dios santo. «Pues ustedes no han recibido un espíritu de esclavitud para volver otra vez al temor, sino que han recibido un espíritu de adopción como hijos, por el cual clamamos: "¡Abba, Padre!"» (Rom. 8:15). ¿Puedes ver cómo esto revoluciona la forma en que usamos las redes sociales, ya que ellas aprovechan por diseño nuestra sed de aprobación y distracción?

---

de acuerdo con David F. Wells en su libro *Dios en el torbellino* (Barcelona: Andamio, 2016), en que «la santidad de Dios y su amor se encuentran, siempre y en todos sitios, inseparables, porque pertenecen igualmente al mismo carácter absolutamente perfecto y glorioso» (loc. 1715, Kindle).

Al mismo tiempo, el amor de Dios mostrado en la cruz nos lleva a dejar de vernos a nosotros como los protagonistas del universo. Dejamos de evaluar todo con nosotros en el centro. Queremos que *Dios* siempre sea visto en el centro. Queremos reflejar Su carácter y que otros puedan conocerlo. Buscamos ahora la recompensa eterna y no la que este mundo pueda darnos. Ahora somos libres del «temor a perdernos algo» porque ya tenemos lo más valioso, y que no podemos perder.

Ahora somos libres de la esclavitud paralizante de la preocupación cuando vemos noticias horribles en redes sociales, porque sabemos que nuestro Padre ciertamente cuidará de nosotros y llevará a cabo Sus propósitos (Mat. 6:25-34; Rom. 8:28-39). La cruz es muestra de Su infinito amor hacia nuestra vida y nos lleva a confiar en Él (comp. Rom. 8:32).

Ahora conocemos también el antídoto a la envidia que conoció el salmista, y que ahora nos ayuda a sentirnos menos miserables en redes sociales: «¿A quién tengo yo en los cielos *sino a Ti*? Fuera de Ti, nada deseo en la tierra. Mi carne y mi corazón pueden desfallecer, *pero* Dios es la fortaleza de mi corazón y mi porción para siempre» (Sal. 73:25-26). Ahora ya no vemos necesario ni atractivo buscar nuestra gloria, y por eso dejamos de temer ser confrontados por otras personas. Y ahora el amor de Dios nos hace humildes para llevarnos a dejar de pensar en nosotros y en cambio a vivir en amor hacia los demás, estando más dispuestos a escucharlos (en medio del ruido de las redes sociales) y ser pacientes con ellos como Dios es paciente con nosotros (Ef. 5:1). Su amor nos ha cautivado.

El evangelio, además, no solo cambia la forma en que usamos las redes sociales (al cambiar primero nuestro corazón), sino que también nos da el valor y la humildad para hacer para Dios aquellas cosas que las redes sociales nos distraen de hacer:

- Ahora somos valientes y humildes para tener conversaciones profundas y cara a cara con nuestro prójimo, a fin de ser confrontados, aprender y crecer a medida que reconocemos nuestra vulnerabilidad, y también ayudar a nuestro prójimo en estas cosas. No tenemos que ocultarnos detrás de una pantalla para evitar esto (comp. 3 Jn. 13-14).

- Ahora somos valientes y humildes para esforzarnos en nuestras vocaciones y trabajos dentro de la voluntad de Dios, dependiendo de Su gracia en la tarea de cultivar este mundo y aferrándonos a la promesa de que nuestro trabajo no será en vano (1 Cor. 15:58). La gracia nos impulsa a ser buenos trabajadores a medida que estamos satisfechos en Él, diciéndole adiós a la procrastinación en redes sociales.

- Ahora somos valientes y humildes para reconocer la belleza de Dios en la creación y los ecos de ella en el buen arte, sin sentir la carga de tener que «suprimir la verdad» (a menudo fijando nuestros ojos en pantallas con contenido que fomenta la superficialidad) para buscar ignorar al Dios contra el que nos hemos rebelado. Ya nos sabemos amados y perdonados por gracia. Así que podemos deleitarnos en las cosas más excelentes en este mundo deleitándonos primeramente en Él con gratitud y alegría.

- Ahora somos valientes y humildes para tomar la determinación de descansar del ruido y las distracciones de la vida en una era tan tecnológica como la nuestra. *Se requiere valentía* para vivir fuera del *status quo* que una vida llena de notificaciones y pantallas representa, pues es fácil pensar que otros podrán criticarnos por no estar a la moda, que nos perderemos de algo realmente importante o seremos menos «relevantes» si salimos de las redes sociales por un tiempo. Pero también *se requiere humildad,* porque implica reconocer que el mundo no nos necesita tanto como creemos, que Dios cuida de nosotros y que somos seres que necesitan períodos de descanso. El evangelio nos da ambas cosas, como mencionamos.

En resumen, solo por medio de Cristo podemos gozarnos en la gracia de Dios. Tenemos un deleite mayor que el que podemos obtener en este mundo, así que no tenemos que tratar de llenar nuestro corazón con los ídolos de nuestra generación. Y no solo somos motivados por Su amor, sino que al mismo tiempo somos capacitados para obedecer con sinceridad. ¿Por qué? Porque por medio de la fe hemos recibido al Espíritu Santo en nuestra vida, que produce fruto en nosotros para la gloria de Dios (Gál. 3:2). La Palabra dice:

> Pero el fruto del Espíritu es amor, gozo, paz, paciencia, benignidad, bondad, fidelidad, mansedumbre, dominio propio; contra tales cosas no hay ley. Pues los que son de Cristo Jesús han crucificado la carne con sus pasiones y deseos. Si vivimos por el Espíritu, andemos también por el Espíritu. No nos hagamos vanagloriosos, provocándonos unos a otros, envidiándonos unos a otros (Gál. 5:22-26).

Ahora estamos unidos a Cristo por medio del Espíritu Santo, de manera que no solo todo lo Suyo ahora es nuestro por gracia, sino que también Él vive en nosotros para llevarnos a vivir para Dios (Gál. 2:20; Rom. 6:1-11). Se trata de un misterio tan grande, que no podemos comprenderlo completamente en este lado de la eternidad. Pero se debe evidenciar en nuestro andar si realmente hemos recibido a Cristo por la fe. Esto transforma nuestros gustos, nuestras conversaciones y nuestras prioridades. Esto cambia la forma en que vivimos, consumimos contenido y publicamos cosas en Internet, pues cambia nuestro corazón al respecto.

En otras palabras, gracias al evangelio *queremos y podemos* obedecer a Dios en el uso de las nuevas tecnologías, no para que Él nos ame y nos salve, sino en gratitud y adoración a Él porque nos amó y nos salvó en Cristo. Estamos unidos a Jesús y eso produce fruto en nosotros (Juan 15:5). Contemplar la gloria de Dios en Su Hijo, en el evangelio, nos transforma y nos hace cada día más como Jesús (2 Cor. 3:18). Dejamos de convertirnos en *selfies* que buscan la gloria nuestra y no la de Dios. Esto es inevitable cuando Él mora en nosotros por medio de Su Espíritu Santo de maneras que no podemos comprender aún (Ef. 3:16-17).

Esto no significa que somos perfectos ahora. Soy un pecador y tú también lo eres. Aún pecamos buscando saciar nuestra vida con otros pozos aparte del manantial infinito y puro que es Dios. Pero si hemos probado Su gracia en Cristo, el pecado ya no nos domina ni define (1 Jn. 3:9). No nos regocijamos en la idolatría digital o analógica como antes. Somos capaces de arrepentirnos. Sabemos que Dios lo es todo para nosotros, queremos deleitarnos más en Él y aguardamos el día en que ya no seremos pecadores. ¡Dios terminará lo que empezó en nosotros! (Fil. 1:6).

Mientras tanto, la casa de nuestro corazón deja de parecer un desastre para ser, poco a poco, más acorde al perfil de Jesús. «Amados, ahora somos hijos de Dios y aún no se ha manifestado lo que habremos de ser. Pero sabemos que cuando Cristo se manifieste, seremos semejantes a Él, porque lo veremos como Él es. Y todo el que tiene esta esperanza en Él, se purifica, así como Él es puro» (1 Jn. 3:2-3). Esto se debe ir notando incluso en nuestras conversaciones en WhatsApp, muros de Facebook y el historial de videos vistos en YouTube. La Biblia habla de esto como santificación. Y estamos contentos por eso, abrumados ante tanta gracia.

Vayamos ahora a algo más práctico y veamos algunos principios bíblicos que nos ayudan a usar las redes sociales con sabiduría en respuesta al amor de Dios. No para que Él nos ame, sino porque nos amó y nos adoptó poniendo a nuestra cuenta el perfil espiritual perfecto de Su Hijo.

SABIOS EN
LAS REDES SOCIALES

SÉ QUE PARA MÍ como autor es peligroso decir lo siguiente en un libro sobre la vida cristiana y las redes sociales, pero aquí voy: si desde un comienzo esperabas leer una guía minuciosa basada en la Biblia para usar las redes sociales de una manera que honre a Dios, vas a decepcionarte. Hablé de esto en la introducción. De hecho, *cualquiera* que pretenda darte un manual detallado e infalible, válido para toda persona en todo momento, seguro te va a mentir.

¿Por qué digo esto? Porque la Biblia no es un manual preciso sobre cómo usar las redes sociales. No dice cuántas horas al día es permitido, cuáles son las cuentas que debemos seguir o qué tipo de fotos sí podemos publicar. No dice cuáles versículos podemos colocar en nuestros estados o historias, o incluso si debemos hacer eso. Tampoco dice cómo debería ser tu biografía o imagen de perfil, ni qué tan largas deberían ser nuestras publicaciones o interacciones allí.

Además, dependiendo de la vocación que tengamos y la etapa de la vida en que nos encontremos, la forma más sabia de usar las redes sociales puede ser diferente en cada persona. Un estudiante universitario que quiere tener buenas calificaciones, un escritor que está trabajando en un libro y necesita concentrarse en su tarea (como yo mientras escribía este capítulo), o un pastor cristiano que necesita pensar intensamente mientras prepara su sermón para el domingo, seguro debería pasar menos tiempo en redes que alguien que es periodista sobre eventos actuales o trabaja creando contenido útil para estas plataformas.

Si pretendemos establecer normas universales que la Biblia no menciona, entonces estamos usurpando la autoridad máxima de la Palabra de Dios. De hecho, la Biblia no es específica en muchas otras áreas en las que a veces quisiéramos que fuera específica. No dice dónde deberíamos trabajar o estudiar, ni con quién nos deberíamos casar.

Por ejemplo, la Biblia no me dijo en el 2019: «Josué, múdate con tu esposa a Argentina». Eso fue algo que Ari y yo decidimos en oración, conversando con creyentes sabios y maduros, considerando lo que Dios estaba haciendo en nuestra vida, y buscando conducirnos según *las cosas que sí nos dice la Biblia que debemos hacer*. Mandamientos como buscar primero el reino de Dios y Su justicia (Mat. 6:33), amar a nuestro prójimo en todo lo que hagamos (Mat. 22:39) y que no debemos hacer las cosas para nuestra propia gloria (Fil. 2:3), entre otras cosas.

Este es el punto: aunque la Biblia no nos da una guía detallada para todo lo que hacemos, sí nos muestra mandatos a obedecer y principios revelados por el Dios santo que deben guiarnos en *todo* lo que hacemos. Se trata de llevar a la práctica el temor a Dios, que es el principio de la sabiduría (Prov. 1:7). Al igual que el pueblo de Dios en el Antiguo Testamento, si queremos ser sabios y honrar al Señor debemos obedecer lo revelado por Él en todo lo que hagamos:

> Miren, yo les he enseñado estatutos y decretos tal como el Señor mi Dios me ordenó, para que así los cumplan en medio de la tierra en que van a entrar para poseerla. Así que guárdenlos y pónganlos por obra, porque *esta será su sabiduría y su inteligencia* ante los ojos de los pueblos que al escuchar todos estos estatutos, dirán: «Ciertamente esta gran nación es un pueblo sabio e inteligente». Porque, ¿qué nación grande hay que tenga un dios tan cerca de ella como está el Señor nuestro Dios siempre que lo invocamos? ¿O qué nación grande hay que tenga estatutos y decretos tan justos como toda esta ley que hoy pongo delante de ustedes? (Deut. 4:5-8, énfasis añadido).

La sabiduría bíblica y espiritual consiste en vivir con el entendimiento de quién es Dios, quiénes somos nosotros, lo que Él ha hecho por nosotros, y obedecer Sus mandamientos en temor y gratitud a Él (Sal. 111:7-10). Con esto en mente, quisiera compartir contigo algunos principios y mandatos bíblicos a seguir cuando estamos en redes sociales.

Ya hemos tocado otros principios antes, como la importancia de no dejar que ellas nos distraigan y el valor de recordar nuestra identidad en Cristo. Y los siguientes que mencionaré no son todos los principios que podríamos indicar con base en la Biblia.[1] Pero en mi experiencia, estas son algunas de las verdades que más necesito recordar cuando estoy frente a la pantalla de mi teléfono o mi laptop.

I. SÉ LENTO PARA HABLAR Y AIRARTE

Pocos versículos son tan relevantes para nuestros días como Santiago 1:19: «Que cada uno sea [...] tardo para hablar, tardo para la ira». Como hemos visto, las redes fomentan lo opuesto a este texto. Ellas quieren que seamos rápidos para hablar generando contenido e interacciones, y veloces para airarnos cuando vemos publicaciones que producen enojo en nosotros y que nos llevarán a darles más atención de la que deberíamos.

Por supuesto, enojarnos no es pecado en sí mismo. Depende en gran parte de la razón por la que nos airemos. Por eso Pablo escribió: «ENÓJENSE, PERO NO PEQUEN; no se ponga el sol sobre su enojo, ni den oportunidad al diablo» (Ef. 4:26). Hay ocasiones en que *debemos* airarnos, como cuando estamos frente a lo que está mal en este mundo. Pero el problema está en lo que hacemos con nuestro enojo, cuando lo canalizamos de maneras que no honran a Dios. Si somos rápidos para actuar en ira, estaremos caminando sin sabiduría.

Así que Santiago presenta estos mandamientos juntos —ser tardos para hablar y tardos para airarnos—, y busco hacer un poco de eso aquí, porque cuando los pecadores hablamos mucho es inevitable que surjan disputas entre los individuos y grupos que forman la sociedad. Los malentendidos se hacen más comunes. Las ideas presentadas de forma inadecuada crean

---

1. Omití en este capítulo hablar sobre la importancia de temas que abordaré más adelante en el libro, como la oración, la lectura bíblica y la compañía de la iglesia local.

confusión y desatan riñas, y las redes sociales están lejos de ser el medio más adecuado para hablar a profundidad de muchos temas importantes. Nuestra generación vive enojada, y nuestra rapidez para abrir la boca en redes sociales contribuye a eso, lo cual además evidencia la falta de dominio propio y lo fácil que podemos ser controlados (Prov. 16:32).

En Internet es sencillo hablar sin gracia ni persuasión cuando somos rápidos para expresarnos, pues consideramos menos a las personas que nos escuchan, los efectos de lo que podemos decir, la importancia de reflexionar mejor en las palabras que usamos, las razones para comunicarnos, y si lo que vamos a expresar es verdadero o falso. Esto es como recolectar las gemas del infinito para causar caos a nuestro alrededor con solo un chasquido.

Ser lentos para hablar es sabio. Yo mismo necesito recordar esto. ¿Cuántos problemas evitaríamos si pensáramos un poco más antes de publicar *esa* foto, compartir *ese* artículo, dar a conocer *esa* noticia personal o expresar *esa* opinión en Internet? ¿Cuántos dolores de cabeza nos ahorraríamos si considerá-ramos con más atención por qué decimos lo que decimos y cuál puede ser el impacto de nuestras publicaciones (incluso las que consideramos triviales) en las personas que nos leerán? En mi experiencia, ¡nunca me he arrepentido por algo que no he publicado!

El libro de Proverbios en la Biblia tiene mucho qué decir-nos sobre esto, y nos enseña la sabiduría de hablar menos.[2]

---

2. Por ejemplo: «En las muchas palabras, la transgresión es inevitable, pero el que refrena sus labios es prudente» (Prov. 10:19); es decir, para pecadores como nosotros es imposible hablar mucho sin pecar en algún momento. «El que retiene sus palabras tiene conocimiento, y el de espíritu sereno es hombre entendido» (Prov. 17:27), lo cual nos recuerda que a menudo las personas más ruidosas en redes sociales pueden ser las que

Sin embargo, a veces soy tentado a creerme más sabio de lo que soy cuando veo la cantidad de personas que me siguen en redes sociales, y pienso que eso justifica expresarme con mayor rapidez en Internet. (Y a veces caigo en la trampa, para mi vergüenza lo digo). La verdad es que las redes sociales no nos hacen automáticamente más sabios, tengamos muchos o pocos seguidores. *Ellas solo nos hacen más ruidosos.* Poseer un micrófono no significa que debemos hablar todo lo que queramos con él. Tampoco significa que el mundo o la iglesia *necesite* escuchar *todo* lo que deseemos decir.[3]

Te animo a profundizar en la sabiduría bíblica para ser más sabio en tu hablar. Sobre todo, te animo a mirar a Jesús. Él es aquel que no hizo ruido innecesario en este mundo (Mat. 12:18-19). Aquel que, incluso en Su hora más dura, cuando soportaba la mayor de las injusticias, tuvo el valor para encomendarse a Dios y no abrir Su boca con tal de hacer la voluntad del Padre (Isa. 53:7; 1 Ped. 2:22-23). Él nos recuerda que la persona más poderosa y sabia no es la que siempre está expresándose o enojándose, sino la que no pierde tiempo hablando de más ni se deja gobernar por la ira. Él es aquel que nunca dijo una palabra imprudente. Y Él vino a vivir así por nosotros y morir en nuestro lugar para que ahora Su Espíritu esté en nosotros y seamos más como Él.

---

menos conocimiento tienen; y «aun el necio, cuando calla, es tenido por sabio, cuando cierra los labios, por prudente» (Prov. 17:28), ciertamente hay prudencia en saber callar en medio de los pleitos, pues hasta alguien con poco conocimiento sería considerado sabio.

3. Si por alguna razón creemos que podemos traer una revolución al mundo con un par de publicaciones en redes sociales, y así cambiar tantas cosas que están mal en el planeta, es evidente que tenemos un problema de orgullo. La verdad es que no somos tan influyentes e importantes a los ojos del mundo. Y cuanto más puedas influenciar a la iglesia por tus publicaciones, más deberías temblar ante las palabras de Santiago 3:1: «Hermanos míos, que no se hagan maestros muchos de ustedes, sabiendo que recibiremos un juicio más severo».

Nuestro mundo ruidoso y lleno de peleas necesita a personas que sigan los pasos de Jesús. Seamos esas personas. Seamos prudentes para hablar y para airarnos.

2. SÉ ALGUIEN QUE NO BUSQUE SU PROPIA GLORIA

Una de las razones principales por las que solemos ser rápidos para hablar y hacemos muchas otras cosas en redes sociales es porque buscamos nuestra propia gloria y no la de Dios. Queremos ser vistos y demostrar que tenemos la razón. Queremos que otros sepan constantemente sobre nosotros y ganar atención. Mencioné esto anteriormente, pero veo necesario abordarlo un poco más.

Jesús enseña que buscar nuestra propia gloria, exaltarnos como mejores que los demás, va en contra de la fe verdadera: «¿Cómo pueden creer, cuando reciben gloria los unos de los otros, y no buscan la gloria que viene del Dios único?» (Juan 5:44). Esto explica (en parte) por qué en nuestra época hay tanto cristianismo superficial, personas que dicen ser cristianas, pero no exhiben el fruto del Espíritu. *¿Cómo podemos creer en verdad en Jesús y crecer en comunión con Él si vivimos buscando gloria en redes sociales?*

Cada vez que buscamos nuestra propia gloria estamos volviendo a comprar la mentira de la serpiente. Nos ponemos al centro de la *selfie*. Por eso, mientras las redes sociales alimentan la presunción y la vanidad en nosotros, somos llamados a tener la misma actitud de humildad que tuvo Jesús en Su obediencia para la gloria de Dios (Fil. 2:3-9). «Humíllense, pues, bajo la poderosa mano de Dios, para que Él los exalte a su debido tiempo» (1 Ped. 5:6). Solo las personas realmente humildes podrán disfrutar de la exaltación que solo Dios puede darnos.

Así que cuando seas tentado a presumir algo en Internet, gozarte de más en el crecimiento de tu número de seguidores (si eres o aspiras a ser *influencer*) o veas que tu vida en redes sociales se caracteriza por publicaciones que te ponen a ti en el centro de todo..., en fin, en medio de un ambiente que fomenta la búsqueda de nuestra gloria, recuerda a Jesús. Recuerda que Él te promete una exaltación mayor a la que jamás podrán darte las redes sociales. Él pagó con Su sangre para que sea una realidad en tu vida. Recuerda que no necesitas ser alabado, envidiado o tenido en cuenta por otros, porque ya lo tienes todo en el Señor que te compró.

3. SÉ FIEL A LA PALABRA DE DIOS

Podemos tener a Jesús en nuestras palabras sin tenerlo en nuestra vida, pero no podemos tener a Jesús en nuestra vida sin tenerlo en nuestras palabras. Si Él es nuestro Señor, es de esperarse que eso se note en cómo hablamos de Él en nuestras redes sociales personales y *apps* de mensajería.[4] Aunque no es un mandato bíblico compartir pensamientos edificantes y versículos en Internet, ni tenemos instrucciones específicas en la Biblia sobre la frecuencia o el formato en que debemos hacerlo, ¿por qué no hablar de verdades espirituales en Internet? ¡Los cristianos sencillamente no podemos callar sobre el amor de Dios! (2 Cor. 5:14).

---

4. Entiendo que en nuestros perfiles sociales laborales nuestra forma de honrar al Señor puede ser menos explícita. Por ejemplo, si eres dueño de un restaurante, las personas no esperan que les hables de la Biblia o de Dios en las publicaciones en Instagram del perfil de tu restaurante. Sin embargo, en nuestros perfiles no personales podemos reflejar el carácter de Dios brindando un buen servicio, tratando con respeto a las personas, escogiendo sabiamente las cosas que celebramos y las que no, y compartiendo de nuestra fe cuando sea oportunidad, si el Señor lo permite.

Por supuesto, glorificar a Dios en Internet es *más* que compartir verdades bíblicas en redes sociales. Es posible compartir un versículo bíblico mientras tienes un corazón de fariseo, tus redes sociales giran en torno a ti y no muestras amor hacia otros en tus conversaciones. Eso no honra a Dios y puede alejar a las otras personas de escuchar más sobre tu supuesta fe. Glorificar a Dios tiene que ver principalmente con reflejar Su carácter a medida que vivimos satisfechos en Él. Sin embargo, no creo que glorificar a Dios sea *menos* que exaltar Su verdad en las maneras que estén a nuestro alcance, y es una bendición usar las redes sociales para eso.

Pero si vamos a aprovechar nuestros perfiles sociales, estados en apps de mensajería y conversaciones virtuales para hablar de Jesús, es crucial que seamos fieles a la Palabra de Dios. A lo que ella *realmente dice* y no a lo que pensamos o suponemos que dice. Durante años muchos pastores me han expresado algunas preocupaciones que tienen por la forma en que creyentes comparten contenido sobre la fe en Internet. Por ejemplo, es preocupante ver cómo tantas personas que profesan ser cristianas no tienen discernimiento bíblico a la hora de compartir contenido supuestamente basado en la Biblia, pero que en realidad tuerce la verdad, saca versos de contexto y promueve el error. Clichés motivacionales y humanistas son transmitidos como si tuvieran fundamento bíblico. La herejía a menudo se viste de teología bíblica en 280 caracteres.

¿Qué dice la Biblia al respecto? Nos enseña que nuestro hablar debe ser moldeado por la Palabra, en especial cuando hablamos de verdades enseñadas en la Palabra. Esto le da gloria a Dios, no al hombre: «El que habla, que hable conforme a las palabras de Dios; [...] para que en todo Dios sea glorificado mediante Jesucristo, a quien pertenecen la gloria y el dominio por los siglos de los siglos» (1 Ped. 4:11-12). Más que inventiva humana, la gente necesita verdad divina.

Por tanto, la instrucción de Pablo a Timoteo aplica en general a todos nosotros: «Procura con diligencia presentarte a Dios aprobado, como obrero que no tiene de qué avergonzarse, que maneja con precisión la palabra de verdad» (2 Tim. 2:15). Y también es importante orar por discernimiento. Antes de publicar un pensamiento sobre Dios o dar «compartir» a una frase edificante, pensemos: *¿Esto es fiel a lo que Dios reveló en Su Palabra?*

La idea de la «posverdad» es popular en nuestro mundo de relativismo e incoherencia.[5] Las noticias falsas son el pan de cada día en Internet a lo largo y ancho de todos los espectros políticos e ideológicos en nuestros países. Como creyentes, aportemos luz y claridad en nuestra forma de comunicar verdades eternas. No contribuyamos a la confusión mientras hablamos de Dios. Él es digno de que adoremos Su nombre y seamos fieles a Su Palabra.

4. SÉ CUIDADOSO CON LO QUE SIGUES Y CONSUMES

Las redes sociales son un espacio en el que, así como puedes conseguir cosas muy buenas y edificantes, también puedes llenar tu mente de cosas que te pueden llevar a pecar y endurecerte ante la gracia de Dios. Ante esta realidad, Filipenses 4:8 es un pasaje muy claro: «Por lo demás, hermanos, todo lo que es verdadero, todo lo digno, todo lo justo, todo lo puro, todo

5. «Word of The Year 2016», *Oxford University Press*. https://languages.oup.com /word-of-the-year/2016/.

lo amable, todo lo honorable, si hay alguna virtud o algo que merece elogio, en esto mediten».

Esto significa que debemos ser cuidadosos de no llenar nuestra mente con noticias falsas, publicaciones injustas y contenido que no sea virtuoso. Esto forma parte de nuestro llamado a ser intencionales en buscar la santidad. El precio de no hacerlo es mayor de lo que creemos. «Si tu ojo derecho te hace pecar, arráncalo y tíralo; porque te es mejor que se pierda uno de tus miembros, y no que todo tu cuerpo sea arrojado al infierno» (Mat. 5:29).

Entonces, por ejemplo, si tu presencia en una red social te trae muchas tentaciones o un perfil en particular es de mucho tropiezo para ti, saca eso de tu vida. Vete de la red, al menos por unos meses, deja de seguir ese perfil que te lleva a pecar o bloquéalo. Sé valiente para preferir lo eterno por encima de lo pasajero, descansa en la gracia de Dios. No necesitas cosas en tu vida que te distraigan del gozo que solo tienes en Él. Persistir en ser expuesto a tentaciones no es una virtud espiritual que viene del Espíritu Santo.

Las «mutilaciones» que debemos hacer de vez en cuando por nuestro bien espiritual pueden lucir de muchas maneras. Recuerdo cuando una antigua compañera de clases en la universidad entró al mundo del modelaje. ¿Puedes adivinar lo que hizo en Internet? Empezó a publicar en su Facebook fotos de ella con muy poca ropa, dejando poco espacio a la imaginación. La decisión que yo tenía que tomar fue obvia para mí como creyente y como alguien que ha leído por años sobre el poder corrosivo y comprobado de la lujuria en los hombres. Dejé de ser su «amigo» en Facebook. No necesito ver fotos de modelos con poca ropa, en especial cuando estoy casado con el amor de mi vida que además resulta ser la mujer más hermosa en el mundo. *Prueba superada.*

Pero recuerdo también los días en que estaba en un grupo de debates teológicos en Facebook hace algunos años. Fue instructivo para mí en muchas ocasiones. Pastores, teólogos, estudiantes y laicos conversábamos allí sobre muchos temas profundos y prácticos de la fe cristiana. Allí conocí a gente maravillosa que edificó mucho mi vida y con quien aún sirvo y trabajo de cerca. Pero con el correr de los meses noté que a veces las discusiones en el grupo con algunas personas escalaban muy rápido. Yo no estaba obligado a responder a sus publicaciones ni a meterme en debates ajenos, pero era muy tentador para mí hacer esas cosas, y caía muchas veces. *Prueba fallada una y otra* vez. Durante meses.

Me vi envuelto en debates largos e infructuosos que drenaban mi productividad y me hacían pecar al llevarme a no aprovechar bien mi tiempo (Ef. 5:15-16). Mi problema no eran las otras personas ni esos debates, el problema era *yo*, que carecía de dominio propio y prefería tratar de arreglar la teología de otras personas sin *primero* trabajar más en alinear mi propia vida a la Palabra. ¡Con cuánta facilidad algo bueno se puede convertir en algo malo para mi corazón! Así que me fui del grupo. No me he arrepentido de eso. Sin embargo, sí me he arrepentido por tardar tanto en «cortar» cosas que no debería consumir o seguir en redes.

En resumen, arranquemos de nuestras redes sociales y uso de la tecnología toda cosa que nos haga pecar. Esas cosas pueden ser evidentes, como el perfil de una mujer que publica fotos inmodestas, pero también pueden ser cosas menos evidentes. Como, en mi caso, un foro de teología bíblica que llegó a ser de tropiezo para mi corazón por mi propio pecado.

De hecho, si las redes sociales están diseñadas para darnos más y más de aquello que decidimos consumir, entonces pueden convertirse en una espiral que nos arrastra hacia abajo en el descenso a un mar de cosas que no honran a Dios. Recuerda también que en las redes sociales la privacidad no es tan real como creemos. Todo esto hace imperante que busquemos cumplir el mandato bíblico de llevar todo pensamiento cautivo a la sumisión de Cristo (2 Cor. 10:5). No podemos bajar nuestra guardia mental y espiritual al usar las redes sociales. Todo lo que consumamos puede ser usado para manipularnos.

En conclusión, no dejemos que nuestros *influencers* sean personas que nos aparten de Dios en vez de animarnos a gozarnos en Él (Prov. 24:1-2). «No se dejen engañar: "Las malas compañías corrompen las buenas costumbres"» (1 Cor. 15:33). No permitamos que perfiles y publicaciones espiritualmente tóxicas atenten contra nuestra fe, o que publicaciones inofensivas pero entretenidas (como memes graciosos) se conviertan en ídolos que nos lleven a desperdiciar tiempo en Internet. Tenemos el poder para perseguir la santidad y cuidar nuestra mente porque Cristo murió y resucitó, y nos ha dado una vida nueva. Y en la Biblia tenemos por gracia promesas gloriosas para cobrar ánimo. Promesas como «Bienaventurados los de limpio corazón, pues ellos verán a Dios» (Mat. 5:8).

Además, pensando en la importancia de ser sabios con lo que consumimos en Internet, hacemos bien en orar por los creyentes que han sentido un llamado de parte de Dios a usar las redes sociales para compartirnos contenido edificante que nos apunta a la Biblia. Tengo el gozo de tener a muy buenos amigos que buscan ser luz en redes sociales como *influencers*, para la gloria de Dios, y me alegra ver cómo son usados por Él.

Oremos que el Señor los siga usando, los guarde de los peligros de las redes sociales y Su Palabra siga siendo dada a conocer.

5. SÉ ALGUIEN QUE MUESTRE AMOR

Encontrarte con una persona amable en redes sociales a veces se siente como encontrarte con una bebida refrescante en el desierto. La amabilidad parece una especie en peligro de extinción mientras las redes sociales fomentan con facilidad el odio en nosotros.

Además, cuando las redes sociales nos presentan los pensamientos y las publicaciones de otras personas como si estuvieran solo para nuestro entretenimiento, es fácil olvidar que detrás de cada comentario o publicación (incluso los desagradables) hay una persona de carne y hueso. Una persona hecha a imagen de Dios a quien debemos mostrar amabilidad, esté de acuerdo con nosotros o no. En cierto modo, hemos cosificado a la gente en Internet. Dejamos de ver la importancia de amarlas en lo que publicamos y en nuestra forma de hacerlo.

En medio de esto, los creyentes somos llamados a amar a nuestro prójimo, incluso en la web, incluso si se trata de un enemigo (Mat. 5:44-45). Esto es parte de vivir como luz en este mundo para que nuestro testimonio cristiano sea creíble y otros glorifiquen a Dios junto a nosotros (Mat. 5:16). Nuestro amor a los demás consiste en tratar a otros como queremos que nos traten, incluso si nunca nos llegan a tratar bien (Rom. 13:8-10; Mat. 7:12). ¿Puedes imaginar lo radical que esto puede resultar en nuestra era de superficialidad, ira y confusión?

Sobre todo, somos llamados a mostrar amor a la iglesia, el pueblo de Dios (1 Ped. 1:21). Esto es lo que debe distinguirnos como creyentes en Cristo a los ojos del mundo: «En esto conocerán todos que son Mis discípulos, si se tienen amor los unos a los otros» (Juan 13:35). Jesús mismo oró por nosotros: «... para que todos sean uno. Como Tú, oh Padre, estás en Mí y Yo en Ti, que también ellos estén en Nosotros, para que el mundo crea que Tú me enviaste» (Juan 17:20-21).

¿Cómo pretender que nuestro testimonio sea convincente si el mundo nos mira siendo duros los unos con los otros, compitiendo, envidiando, difamando, insensibles a las necesidades de los demás? En palabras de Francis Schaeffer: «No podemos esperar que el mundo crea que el Padre envió al Hijo, que las afirmaciones de Jesús son verdaderas y que el cristianismo es verdadero, a menos que el mundo vea alguna realidad de la unidad de los verdaderos cristianos».[6]

Amar a otros conforme a la Palabra de Dios es imposible en nuestras propias fuerzas, pero el evangelio lo hace posible gracias a que ahora tenemos el Espíritu de Dios (Gál. 5:22). Y tenemos la mayor de las motivaciones: «Sean más bien amables unos con otros, misericordiosos, perdonándose unos a otros, así como también Dios los perdonó en Cristo» (Ef. 4:32). Usemos las redes sociales de forma tal que, cuando otros vean nuestros perfiles e interacciones con otras personas, sea cada vez más evidente que pertenecemos al Señor.

UNIDOS A CRISTO

Hay más para decir sobre los principios generales mencionados aquí y otros que conocemos en la Biblia. Tenemos la tarea de

---

6. Francis Schaeffer, *The Mark of The Christian* (Downers Grove, IL: InterVarsity Press, 2006), 22, 26.

seguir pensando en sus implicaciones detalladas para nosotros, y debemos hacerlo mientras admitimos que Dios decidió no darnos una guía minuciosa para muchas áreas de nuestra vida (incluyendo nuestro uso de las redes sociales).

¿Por qué Dios decide no darnos instrucciones escritas y detalladas sobre todo? Creo que es porque Él quiere que, en nuestras decisiones cotidianas, dependamos más de nuestra comunión con Él para glorificar Su nombre, que de simplemente saber respuestas correctas para todas las cosas. De hecho, Él decidió darnos algo mucho mejor que una guía detallada: decidió darse a Sí mismo (Rom. 8:32). Decidió que podamos disfrutar de nuestra unión con Él y entonces demos frutos para Su gloria al caminar conforme a lo que reveló en Su Palabra (Juan 15:1-15).

Solo por medio de la fe, por la gracia de Dios, podemos gozarnos en que tenemos a Cristo. Él es aquel en quien está escondida toda la sabiduría divina (1 Cor. 1:24, Col. 2:3). Él es aquel mayor que Salomón, ya que no solo nos imparte la sabiduría de Dios, sino que también la posee de manera suprema, vivió conforme a ella y nos capacita para que podamos vivir siguiendo Sus huellas (Luc. 11:31). Pidamos constantemente que nos guíe y ayude a vivir adorándolo en respuesta a Su gracia (comp. Sant. 1:5; Rom. 12:1-2).

En otras palabras, Dios quiere que dependamos de Él para vivir en obediencia a Él. Esta es la clave para usar las redes sociales con sabiduría y honrando Su nombre. A fin de cuentas, «el amor de Cristo nos apremia» (2 Cor. 5:14). Su amor nos impulsa a vivir para Su gloria al saber que le pertenecemos: «Porque han sido comprados por un precio. Por tanto, glorifiquen a Dios en su cuerpo y en su espíritu, los cuales son de Dios» (1 Cor. 6:20).

— 9 —

A SOLAS CON DIOS EN UN MUNDO RUIDOSO

MI CORAZÓN ESTABA agitado en la medianoche. Yo conocía bien el evangelio del que te he hablado, y sin embargo sentía que mi vida era miserable. Que mi mente estaba fracturada, y que Dios no me amaba tanto después de todo. Sentía que *necesitaba hacer* cualquier cosa con el fin de ser visto y alcanzar éxito. Sentía también que muchas cosas en este mundo sencillamente no tenían sentido, al ver tantas noticias absurdas, frustrantes y tristes a mi alrededor.

Esta sensación no me dejaba dormir, así que tuve que levantarme de la cama, irme a la sala de mi apartamento, y lidiar con esto. ¿Por qué sentía esta ansiedad e insatisfacción que no me dejaban en paz? «Porque eres un pecador que duda de Dios, por supuesto», me decía a mí mismo. (Soy de esos que siempre se hablan a sí mismos en jerga teológica). Pero en medio de mi afán, no estuve solo. Dios en Su gracia trajo a mi mente algunas de las palabras que más necesito recordar: «Marta, Marta, tú estás preocupada y molesta por tantas cosas; pero una sola cosa es necesaria, y María ha escogido la parte buena, la cual no le será quitada» (Luc. 10:41-42).

Tal vez conoces el contexto de esas palabras. Jesús entró a una aldea y Marta lo recibió en su casa. Ella servía con preocupación a todos en el lugar, mientras su hermana María estaba sentada a los pies del Señor. Me siento identificado con Marta cuando, exasperada, siente que no puede evitar decirle al Hijo de Dios: «Señor, ¿no te importa que mi hermana me deje servir sola? Dile, pues, que me ayude» (v. 40). Y en la dulce respuesta del Señor, ella escucha —y nosotros también cuando leemos el pasaje— que solo una cosa es necesaria y mejor para nosotros. No solo eso, sino que también dice que no le quitará *esa* cosa a María.

Puede que en un comienzo esas palabras no parezcan tan dulces. Pueden parecer irrealistas. Por supuesto que Marta tenía cosas necesarias que hacer, al igual que todos nosotros. Otras personas nos necesitan y todos estamos llenos de responsabilidades. «No podemos vivir como María todos los días», pensamos rápidamente. Pero aquí Dios nos recuerda que lo que más necesitamos no es hacer muchas cosas por Él y los demás, sino estar entregados en devoción a Él y a Sus pies. Esto es lo más necesario en público y en privado. Allí recibimos el gozo para, entonces sí, servir a Dios y al prójimo con alegría y fe. Y de nada nos sirve hacer un millón de cosas si no hacemos lo que Dios más quiere que hagamos y nosotros más necesitamos.

¿DÓNDE TE SUMERGES MÁS?

Aquella noche de afán, cuando el Señor trajo estas palabras a mi mente, fui confrontado con una realidad que debía ser obvia para mí, que suelo enseñar a otros sobre la vida cristiana y la tecnología: la razón por la que me sentía así de agitado y frustrado se debía a que había descuidado mi vida devocional privada. En mis redes sociales y en mi iglesia yo parecía estar floreciendo espiritualmente, pero en realidad me marchitaba en lo secreto. Muchas cosas me distraían. Había abandonado el sumergirme en Su Palabra y el derramar mi corazón ante Dios para experimentar Su paz (Fil. 4:6-7).

Dios me ha permitido discernir qué ocurre en mi corazón cuando paso más tiempo en redes sociales que a solas con Él. ¿Te has preguntado qué ocurre en el tuyo? En mi experiencia, y en la de muchos con los que he hablado, una de las razones por las que no podemos responder bien a esta pregunta es porque pasamos tantas horas en redes sociales que no podemos notar la diferencia que esto hace en nuestra vida. Somos como peces que nunca han salido del agua y por eso no distinguen la diferencia entre estar mojados y estar secos; no conocemos realmente la diferencia entre estar todo el tiempo conectados y estar en silencio. Pasamos el día sumergidos en un ambiente de notificaciones, distracciones y tentaciones en Internet. Pasamos la mayoría del día junto a nuestros teléfonos. Por lo general, no conocemos lo que significa estar a solas con Dios.

No pretendo ser más iluminado que otros. Pero he tomado tiempos prolongados de descanso de las redes sociales, y *siempre* que regreso sin establecer límites y termino estando más tiempo en redes del que debería estar, veo que en mí suceden las mismas cosas. Experimento de diversas maneras lo que sentí aquella noche en que Dios en Su misericordia me recordó Lucas 10:41-42. Se me hace más fácil compararme con otros y envidiar su vida, sentir agotamiento mental, estresarme cuando veo controversias infructíferas, desear justificarme a mí mismo a cambio de un golpe de dopamina, distraerme de lo más importante. Esta experiencia es normal en creyentes y no creyentes por igual, aunque no todos la sintamos de la misma manera.

¿Cómo contrarrestar este efecto que las redes sociales pueden tener en nosotros debido a nuestro pecado? Buscando ser más intencionales no solo en ser prudentes en nuestro uso de las redes sociales, sino primeramente en buscar más al Señor junto a la iglesia y en lo secreto. Esta es la clave para abundar en fruto (comp. Juan 15:5). Así que, en el resto de este capítulo, quiero reflexionar en la importancia de la lectura profunda de la Palabra y la oración a solas con Dios en nuestra era de redes, pues es por mucho la práctica que los cristianos más podemos descuidar. Te animo a leer esto como una invitación a sumergirte más en la presencia de Dios que en los mensajes que recibes en tu teléfono y lo último que se publica en redes.

NECESITAMOS LA PALABRA

Una de las cosas que podemos pasar por alto cuando leemos los primeros versículos de la Biblia es lo que Dios hace justo luego de crear al hombre y a la mujer. *Dios les habló.* Esto fue algo que no hizo con ninguna otra cosa creada. Él les explicó quiénes eran y qué debían hacer, lo cual nos enseña algo profundo sobre nuestra existencia, algo que debería aplastar nuestro orgullo: nuestra necesidad de escuchar la voz de

Dios antecede a nuestro pecado. No se trata de un defecto de fabrica que se le escapó al Creador. Es parte del diseño de Dios para que vivamos para Su gloria. Fuimos creados para depender de Dios, interpretar correctamente nuestra vida y el mundo, y caminar en la verdad.[1]

Ahora piensa en esto: si nuestra necesidad de la Palabra de Dios era grande *antes* de ser pecadores, ¿cuánto más la necesitamos ahora que lo somos? Esto nos ayuda a entender nuestra inconsistencia con el uso de las redes sociales. ¿Por qué vivimos tan preocupados por las cosas malas que vemos en redes sociales? ¿Por qué nos preocupa tanto tener la aprobación de los demás? ¿Por qué nos distraemos tanto en memes que no aprovechan? ¿Por qué buscamos nuestra justificación ante los demás en Internet? ¿Por qué olvidamos que las promesas de Dios siempre son mejores que las del pecado dentro y fuera de la web? ¿Por qué creemos que necesitamos tener comentarios positivos en redes sociales para sentirnos mejores?

Hay un sentido profundo y real en que la respuesta a estas preguntas es: «Porque necesitamos sumergirnos más en la Palabra de Dios para crecer en sabiduría y, por medio de la fe, ver las cosas como Él las ve». Como hemos visto, las redes sociales distorsionan nuestra visión de nosotros y la realidad. No podemos confiar en todo lo que vemos en ellas, ni en que la forma en que presentan contenido sea fiel a la naturaleza de ese contenido. Facilitan que veamos todas las cosas (incluyendo a Dios) de una manera superficial. También somos tentados a pensar que nuestro lugar en el mundo e identidad dependen de lo que otros dicen de nosotros.

---

1. Paul David Tripp, *Instrumentos en las manos del Redentor* (Bogotá: Publicaciones Faro de Gracia, 2012), loc. 2162, Kindle.

Necesitamos dejar de dar tanta importancia a las voces de las redes sociales y de este mundo para escuchar la voz del Único que cuenta. Si vivimos escuchando primero a Dios, permaneceremos sabiendo quién es Él y quiénes somos en Él. Y como decía el teólogo Juan Calvino: «Casi toda la suma de nuestra sabiduría, que de veras se deba tener por verdadera y sólida sabiduría, consiste en dos puntos: a saber, en el conocimiento que el hombre debe tener de Dios, y en el conocimiento que debe tener de sí mismo».[2]

UNA VISIÓN REALISTA PARA CULTIVAR A DIARIO

Solo en la Palabra de Dios podemos escuchar la voz eterna de Dios que refina nuestra visión de la realidad, para que podamos entender la vida y todo lo que más importa. Cuando nos sumergimos en la Palabra, contemplamos Su majestad y nuestra pequeñez. Conocemos cuán rico y fuerte es Él, y cuán pobres y débiles somos nosotros por nuestra cuenta. Somos movidos a admitir Su santidad y nuestro pecado. Los creyentes recordamos Su amor y que somos Sus hijos adoptados.

Todos los que hemos creído el evangelio somos transformados cada vez más al contemplar Su gloria (2 Cor. 3:18). Podemos vivir seguros en Él, alentados a buscar adorarlo en todo. Así, por la fe, empezamos a ver todo en su justo lugar y desde la perspectiva de Dios. «La Palabra de Dios es el único comentario verdadero sobre la realidad».[3] La Biblia nos

---

2. Juan Calvino, *Institución de la religion cristiana* (Barcelona: Fundación Editorial de Literatura Reformada, 2013), tomo 1, 3.

3. Gregory K. Beale, *Reversals and the Ironic Overturning of Human Wisdom (Short Studies in Biblical Theology)*, (Wheaton, IL: Crossway, 2019), loc. 2052, Kindle.

recuerda que en este mundo las cosas no son como parecen. Y necesitamos *a diario* Su visión realista de la vida:

- Necesitamos recordar que el más grande no es el que tiene más seguidores en Internet, sino el creyente que más sirve a su prójimo incluso en el anonimato (Mar. 10:43-45).

- Necesitamos recordar que los debates acalorados en redes sociales, que se presentan como trascendentales, son pasajeros y no frustrarán el plan de Dios (Apoc. 21:1; Rom. 8:28).

- Necesitamos recordar que la gloria de aquellos que presumen su éxito terrenal en redes sociales es como hierba que pronto será cortada, y que la persona más rica no es la más «relevante» sino la que más reconoce su pobreza espiritual (Mat. 5:3).

- Necesitamos entender que el último meme viral no es tan digno de nuestra atención como el Dios que habitó entre nosotros (Juan 1:14).

- Necesitamos recordar que nuestra identidad está en Cristo, en que somos hijos en el Hijo, y no en lo que otros digan de nosotros (1 Jn. 3:1).

Por esto y mucho más somos llamados a perseverar en la Palabra de Dios (comp. 2 Tim. 3:14-16).

CULTIVEMOS LA LECTURA PROFUNDA DE LA BIBLIA

Profundizar en la Palabra requiere leerla de una manera diferente a como la mayoría estamos acostumbrados a leerla. La Biblia no es un libro para simplemente consumir, escanear con los ojos y leer en trocitos. Sin embargo, en redes sociales es común presentar a la Biblia así y creer que eso es lo que necesitamos para crecer espiritualmente. En palabras del pastor Jay Y. Kim:

Quienes servimos y lideramos en la iglesia local debemos ser cada vez más conscientes y lo suficientemente valientes para abordar la realidad de que la gran mayoría de las personas en nuestras comunidades están principalmente practicando motos acuáticas sobre la Biblia en lugar de ahondar en sus profundidades. Están perdiendo muy rápida y repentinamente su capacidad de sumergirse en el mar no solo de palabras, sino también de historias e ideas. Ven la Biblia simplemente como otra opción disponible en el mar abierto de sus opciones digitales y, comprensiblemente, la abordan como lo hacen con todo lo demás. Abra las páginas, tire de la palanca [como una máquina tragamonedas], vea qué sale, actualice si es necesario. La narrativa épica y expansiva de la Escritura se reduce a una serie de bocados desconectados de aliento o sugerencias de autoayuda. Es como si tomara el texto de una obra de Shakespeare, cortara las líneas en pequeños fragmentos de una sola oración y los metiera en galletas de la fortuna individuales. Seguro, estarías leyendo las mismas palabras, pero también te perderías la historia.

Los ejemplos de esta reducción de la Escritura son comunes en la era digital. Hay varias cuentas cristianas populares de Instagram, que cuentan con cientos de miles de seguidores, que publican regularmente gráficos bien diseñados y estéticamente agradables de versículos bíblicos breves y alentadores. La compleja historia de la Escritura se convierte en una serie de imágenes filtradas agradables a la vista. A veces, estas publicaciones pueden ser lo que algunas personas necesitan ver en un momento determinado, siempre que se las considere una fuente adicional de aliento y orientación. Pero, con demasiada frecuencia, este tipo de publicaciones en las redes sociales se convierten en la principal fuente de alimento espiritual para los cristianos en la era digital. Varias de las cuentas de Instagram más populares se han expandido para publicar libros y otros recursos de lectura bíblica. Pero incluso estos recursos ampliados adoptan un enfoque similar al adjuntar pasajes bíblicos breves y truncados a ensayos devocionales inspiradores. Esto les da a las personas que siguen estos ministerios un sentido falso de alimento espiritual sin invitarlos a deleitarse con la historia de la Biblia en su conjunto.[4]

Estas palabras van dirigidas a líderes, pero son útiles para todos nosotros. Nada de esto significa que sea malo compartir versículos bíblicos en Internet. ¡Eso es muy bueno y puede servir a muchas personas! Más bien, esto nos recuerda que, aunque es legítimo compartir fragmentos pequeños de la Palabra en redes sociales, nuestra forma principal de leer la Biblia no debe ser en porciones desconectadas, pues nos perderemos la transformación que solo viene de profundizar realmente en la Palabra. Los bocados son útiles, pero no te alimentarán como el plato completo.

Toda la Escritura es una historia que nos revela el corazón de Dios, Sus hechos redentores y nuestro lugar en ellos. Por lo tanto, cultivemos el hábito de la lectura profunda de la

---

4. Jay Y. Kim, *Analog Church: Why We Need Real People, Places, And Things in The Digital Age* (Downers Grove, IL: InterVarsity Press, 2020), 141-145.

Palabra, busquemos leer libros enteros, ver textos en su contexto y meditar en cada verdad que hallamos en ella. Solo así tendremos una visión de Dios, de nosotros y de lo que nos rodea más acorde a lo que Él revela para Su gloria y nuestro bien. Esto puede ser difícil para mentes fracturadas por la distracción en Internet. Lo digo por experiencia. ¡Cuántas veces he sentido que buscar profundizar en la Biblia es demasiado para mi mente acostumbrada a los 280 caracteres! Pero tenemos esperanza. Podemos empezar tomando pequeños pasos todos los días. Podemos buscar disminuir nuestras horas innecesarias en Internet y leer más la Palabra en quietud. El Dios que entregó a Su Hijo por nosotros, ¿no nos ayudará a profundizar en Su revelación? (Rom. 8:32). Y mientras leamos, oremos: «Abre mis ojos, para que vea las maravillas de Tu ley. Peregrino soy en la tierra, no escondas de mí Tus mandamientos» (Sal. 119:18-19). Así podremos vivir por fe, según lo que Dios nos habla.

LA NECESIDAD DE LA ORACIÓN

No solo somos llamados a vivir escuchando a Dios para glorificar Su nombre, sino también a vivir respondiendo con palabras a Él y dependiendo de Su gracia. Esa es la esencia de la oración. Los cristianos oramos a Dios en respuesta a lo que Él nos revela de Sí mismo y Sus obras.

«Si tú conocieras el don de Dios, y quién es el que te dice: "Dame de beber", tú le habrías pedido a Él, y Él te hubiera dado agua viva», le dijo Jesús a la samaritana en el pozo (Juan 4:10); y nosotros conocemos quién es Él en la Biblia. Vemos Su majestad cautivante en la Escritura. Por eso oramos con alabanza, confesión, peticiones y gratitud. Lo hacemos en comunidad y también a solas, pues necesitamos de Él más de lo que podemos expresar (comp. Mat. 6:6-13). Juan 15 es uno de los textos que más me ayudan a entender la importancia de la oración:

> Yo soy la vid, ustedes los sarmientos; el que permanece en Mí y Yo en él, ese da mucho fruto, porque separados de Mí nada pueden hacer. [...] Si permanecen en Mí, y Mis palabras permanecen en ustedes, pidan lo que quieran y les será hecho. En esto es glorificado Mi Padre, en que den mucho fruto, y así prueben que son Mis discípulos. [...] Ustedes no me escogieron a Mí, sino que Yo los escogí a ustedes, y los designé para que vayan y den fruto, y que su fruto permanezca; para que todo lo que pidan al Padre en Mi nombre se lo conceda (Juan 15:5, 7-8, 16).

Dios prometió darnos lo que pidamos al permanecer en Cristo y en Sus palabras porque para eso fuimos escogidos. Y Él nos da la misión de llevar fruto para que clamemos a Dios, quien es glorificado cuando nos responde. En otras palabras, no puedes vivir para Dios —ni dentro ni fuera de las redes sociales— y abundar en fruto si no te caracterizas por la oración. En Su soberanía, Él se complace en llevar a cabo Sus propósitos en este mundo, y en nuestra vida, en respuesta a las oraciones de Su pueblo. Tal vez una razón por la que tantas personas a menudo no usamos las redes sociales con sabiduría es porque no sabemos estar a solas con Dios para buscar Su rostro y descansar en Él. Esto es cristianismo básico. Necesitamos de Dios para dar fruto.

Necesitamos entender que la oración es el privilegio más grande del creyente.[5]

FORMADOS EN SU PRESENCIA

En los Evangelios vemos que Jesús solía apartarse del ruido de las multitudes para orar a Dios. ¿Cuánto más necesitamos hacer esto también? Necesitamos hallar verdadero descanso en nuestra era de redes sociales. Descanso en medio de la saturación de distracciones y ruido que ellas pueden traer a nuestra vida, y el impacto no deseado que pueden tener. Y por la obra de Cristo por nosotros, tenemos acceso al Padre como hijos (Ef. 2:18). Como dice el pastor Tim Keller: «Sabemos que Dios nos responderá cuando lo llamemos "mi Dios", porque Él no le respondió a Jesús cuando hizo la misma petición en la cruz».[6] Es gracias a que Cristo soportó con agonía el desamparo de Dios que nosotros podemos estar seguros de que nunca seremos desamparados por Él. Podemos venir a Él para experimentar comunión y asombro en Su presencia.

Cuando oramos a solas con Dios, no hay nadie a quién impresionar para recibir un «me gusta». Él ya sabe todo de nosotros y a pesar de eso nos ama y adopta. «La oración es donde estamos de acuerdo con Dios en que Él es lo que dice que es y en que nosotros somos lo que Él dice que somos».[7]

---

5. Una versión de este párrafo apareció primero en mi capítulo sobre la oración en *Jóvenes por su causa: De las tinieblas a la luz* (Poiema Publicaciones, 2019), 98-99.

6. Timothy Keller, *La oración: Experimentando asombro e intimidad con Dios* (Nashville, TN: B&H Publishing Group, 2016), 247.

7. David Mathis y Jonathan Parnell, *How to Stay Christian in Seminary* (Wheaton, IL: Crossway, 2014), 478, Kindle.

Allí todas las cosas lucen en su dimensión correcta. De esa manera, no solo derramamos nuestro corazón en Su presencia, sino que también cultivamos en nosotros mismos una consciencia de cuál es nuestro verdadero lugar (a Sus pies) y quién es Él (el Rey que nos rescató). Si la lectura de la Biblia nos informa cuál es la verdad, la oración es la actividad en donde más somos moldeados para vivir según ella.

Nuestros momentos de oración privada son los que más nos forman para vivir en humildad en público y en las redes sociales para Dios. Son los que más nos cambian para entender que en Él tenemos todo lo que necesitamos. Son los que más nos enseñan a vivir como hijos del Padre.

BUSCA SU ROSTRO AL DESPERTAR

En mi sitio web personal (www.josuebarrios.com) puedes encontrar algunas prácticas generales que pueden ayudarte a aplicar en tu día a día las verdades expuestas en este libro y profundizar en ellas. Te animo a entrar en josuebarrios.com/practicas-recomendadas-redes-sociales. Pero quisiera terminar este capítulo hablándote de lo que creo que es el hábito más importante que necesitamos cultivar en esta era de conexión incesante: leer la Biblia y orar antes de revisar nuestro teléfono en las mañanas.

Esto no se trata necesariamente de tener un tiempo de estudio bíblico en las mañanas, aunque eso no nos vendría mal. Más bien, puede ser solo leer un salmo y orar por unos minutos. Tampoco es obligatorio que leamos la Biblia y oremos en las mañanas; podemos tener una vida provechosa de intimidad con Dios y profundizar nuestra relación con Él en otros momentos del día. Sin embargo, he comprobado que buscar estos tiempos al despertar puede ayudarnos de forma especial a conducirnos el resto del día con un mayor gozo en Dios. Nos ayuda a cultivar en nosotros la disciplina de buscar primero Su rostro, y recordarnos a nosotros mismos de manera práctica que Él debe tener siempre el primer lugar.

¿Qué hay de nuevo hoy en las noticias? ¿Qué me perdí mientras dormía? ¿Cuántos «me gusta» habré recibido durante la noche? ¿Quién me escribió para saludar? Esas son algunas de las preguntas que nos hacemos justo luego de apagar la alarma que nos despertó. Y conozco de cerca la tentación a perseguir las respuestas a esas dudas de inmediato. En momentos así, recordemos lo que aprendimos sobre cómo las redes sociales nos cambian.[8]

Las redes están hechas para ser adictivas, fomentar nuestra envidia y comparación, y cambiar la forma en que vemos todo. Los mensajes no urgentes nos distraen con facilidad y consumen nuestro tiempo. Muchos comentarios y mensajes que demandan una respuesta pueden volverse un vehículo para nuestra autojustificación si dejamos que gobiernen nuestros días. Y ni hablar de cómo las noticias a menudo impulsan que publiquemos algo con enojo, cosa que nos gana más clics, o simplemente nos distraen de lo eterno al presentarse como lo más importante del momento. Como dijo Neil Postman hace décadas: «¿Con qué frecuencia ocurre que la información que se te proporciona en la radio o la televisión matutina, o en el periódico matutino, te hace alterar tus planes para el día, o tomar alguna acción que de otra manera no habrías tomado,

---

8. Una versión de este párrafo y el siguiente apareció primero en mi artículo: «Revisar el teléfono en las mañanas: ¿Por qué no es bueno para los cristianos?», 29 de septiembre, 2020. https://josuebarrios.com/revisar-el-telefono-en-las-mananas-por-que-no-es-bueno -para-los-cristianos/.

o te brinda información sobre algún problema que tienes que resolver?».[9]

No necesitamos consumir contenido «nuevo y relevante» en las mañanas. Al saber el impacto formador que tienen las redes sociales en nosotros, ¿en serio queremos empezar el día con nuestro teléfono?[10] Tomemos en cambio la mejor parte, como nos enseña Jesús. Te animo a buscar tu mayor gozo en Él al despertar y que esto impacte tu forma de encarar el resto del día y servir a los demás. Esto es mejor que cualquier otra cosa que verás en tu teléfono. Esto nos ayuda a caminar por fe y depender del amor de Dios. No hay actividad más importante para un creyente que estar a los pies del Señor.

---

9. Citado en: Tim Challies, «Respectable Sins of The Reformed World», *Challies*, 15 de julio, 2020. https://www.challies.com/articles/respectable-sins-of-the-reformed-world/.

10. Para más sobre la importancia de leer la Biblia antes de usar el teléfono en las mañanas, recomiendo leer: Justin Whitmel Earley, *The Common Rule: Habits Of Purpose For an Age of Distraction* (Downers Grove, Illinois: InterVarsity Press, 2019), 79-93.

— 10 —

LA RED SOCIAL
DE DIOS

FACEBOOK TE AMA y tiene un plan maravilloso para tu vida.
En 2017, Mark Zuckerberg indicó lo siguiente como parte
de la meta de la empresa:

> Nuestra declaración de misión completa es: dar a
> las personas el poder de construir una comunidad, y
> acercar al mundo. [...] Este es nuestro desafío. Tene-
> mos que construir un mundo donde todos tengan un
> sentido de propósito y comunidad. [...] Así es como
> lograremos nuestras mayores oportunidades y construi-
> remos el mundo que queremos para las generaciones
> venideras.[1]

---

1. Mark Zuckerberg, «Bringing the World Closer Together», Facebook, 22 de junio, 2017. https://www.facebook.com/notes/mark-zuckerberg/bringing-the-world-closer-together /10154944663901634/.

Jaron Lanier, una de las mentes más brillantes de Silicon Valley, ha respondido apropiadamente: «Una sola empresa va a velar por que todas y cada una de las personas tengan un propósito en la vida, porque supone que antes carecían de él. Si esto no es una religión, se le parece mucho».[2] En realidad, se parece *demasiado* a una religión y Zuckerberg lo sabe.

En su declaración, Zuckerberg afirmó el objetivo de que la red social tenga en la vida de las personas el rol que las iglesias y otras comunidades cumplen, al dar propósito y relaciones a sus miembros para que sean mejores personas. Él explicó que por eso Facebook usa Inteligencia Artificial para recomendar grupos a los usuarios, con base en sus gustos y personalidades, y ahondó en la motivación detrás de esto:

Las comunidades nos dan la sensación de que somos parte de algo más grande que nosotros mismos, que no estamos solos, que tenemos algo mejor por delante en lo que trabajar.

Todos obtenemos significado de nuestras comunidades. Ya sean iglesias, equipos deportivos o grupos de vecinos, nos dan la fuerza para expandir nuestros horizontes y preocuparnos por temas más amplios. Los estudios han demostrado que cuanto más conectados estamos, más felices nos sentimos y más saludables estamos. Las personas que van a la iglesia tienen más probabilidades de ofrecerse como voluntarias y donar a obras de caridad, no solo porque son religiosas, sino también porque son parte de una comunidad.[3]

2. Jaron Lanier, *Diez razones para borrar tus redes sociales*, loc. 1928.
3. Mark Zuckerberg, «Bringing the World Closer Together».

¿Cómo pensar bíblicamente al respecto? Los cristianos podemos estar de acuerdo en que las comunidades a las que pertenecemos tienden a moldearnos (para bien o para mal), y en general nos ayudan a vivir con algún sentido de propósito. Sin embargo, la iglesia es mucho más que una simple comunidad que ayuda a la gente a vivir mejor.

¿UNA COMPETENCIA PARA LA IGLESIA?

Necesitamos redescubrir la importancia de la iglesia local. Aunque no todas las redes sociales tienen declaraciones de objetivos tan religiosas como Facebook, creo que la mayoría de los creyentes por momentos actuamos como si las redes fueran más valiosas que la iglesia o estuvieran a la par de ella. ¿Suena exagerado esto? Piénsalo conmigo un poco más.

Los cristianos a veces chateamos más con amigos en Facebook o en cualquier otra red social de lo que conversamos con hermanos de la iglesia. A veces conocemos mejor lo que personas lejanas a nosotros publican en Internet que las luchas de hermanos cercanos en la fe, a quienes somos llamados a acompañar. A veces preferimos entretenernos con memes efímeros, en vez de pensar sobre cosas eternas en comunidad. Y es que resulta más cómodo pasar tiempo en Internet que sirviendo a otras personas y siendo retados por la Palabra en la iglesia.

A veces pasamos más tiempo viendo videos en YouTube que asistiendo a las reuniones de oración de nuestra congregación. A veces actuamos como si recibir o compartir contenido edificante en redes sociales fuera suficiente para nuestro crecimiento espiritual, como si no fuera *tan* necesario estar presentes físicamente en la vida de la iglesia para ser edificados y servir. Por otro lado, cuando estamos tristes o hemos pecado, muchos no acudimos a un hermano en la fe para buscar ayuda o confesar nuestro pecado. Preferimos irnos a las redes sociales para buscar distraernos, consolarnos o ahogar nuestra culpa. En resumen, a veces actuamos como si las redes sociales fueran la competencia de la iglesia en nuestra vida. Tenemos poco tiempo para la vida de la iglesia e involucrarnos en la Gran Comisión (Mat. 28:18-20), pero nos sobra el tiempo para estar conectados en redes. Y a menudo no disfrutamos el tiempo con nuestros hermanos en la fe por distraernos en presencia de ellos con notificaciones en nuestro teléfono y el ruido que las redes sociales generan en nuestra vida.

¿A qué se debe esto? Muchos creyentes vemos a la iglesia local como un lugar opcional al que vamos para consumir contenido espiritual, dar una ofrenda que viene a servir como el pago de nuestra suscripción, y disfrutar un tiempo de adoración, como si se tratara de un servicio que ella nos da. Decimos que no vemos a la iglesia de esta manera tan individualista y consumista, pero la forma en que priorizamos otras cosas nos delata. Muchos de nosotros hemos olvidado qué significa ser miembros del cuerpo de Cristo. O tal vez no lo hemos entendido antes. Y si esto ocurre en los creyentes, mucho más en quienes no se identifican de esa manera.

Por eso podemos considerar a las redes sociales como una alternativa para muchas cosas que podemos obtener en la iglesia (enseñanza, sentido de comunidad, etc.), o peor aún, como algo más entretenido y relevante para nosotros. No lo expresamos así, pero nuestras acciones lo evidencian. En las redes todo es más fácil, personalizado y cómodo. Priorizarlas por encima de la iglesia local tendría mucho sentido *si* la iglesia fuera solo un club social o algo opcional.

LA IGLESIA SEGÚN DIOS

Pero la Iglesia no es un simple edificio al que vamos, o una simple institución o proyecto en marcha. Es una comunidad, pero no a la par de otras (como Zuckerberg opina). Según la Biblia, la salvación y la vida cristiana no son una experiencia individual. Somos salvos para ser añadidos a la Iglesia de Cristo.[4] Ella es indispensable para nuestro crecimiento espiritual.

La Iglesia es la novia con un pasado horrible a quien el gran Rey perdona, limpia y redime para casarse con ella y compartir Su gozo eterno (Ef. 5:22-32; Apoc. 19:6-8). Ella es la familia de Dios (1 Jn. 3:1-2), un edificio hecho de piedras vivas donde Él mora por medio de Su Espíritu (1 Ped. 2:5; 2 Cor. 6:16), el rebaño del pastor que dio Su vida por nosotros (1 Ped. 5:2). Ella es el cuerpo de Cristo en este mundo (Ef. 1:22-23), la comunidad que lo representa y por medio de la cual Él sigue obrando aquí, llevando Su redención a las personas (2 Cor. 5:20). Se nos llama «linaje escogido, real sacerdocio, nación santa, pueblo adquirido para posesión de Dios, a fin de que anuncien las virtudes de Aquel que los llamó de las tinieblas a Su luz admirable» (1 Ped. 2:9-10).

Si las redes sociales son en teoría un medio para que las personas tengan un sentido de propósito y puedan florecer a su máximo potencial, entonces podríamos decir que la Iglesia es la «red social» de Dios. Es la comunidad que avanza Sus propósitos redentores en este mundo, llevando el evangelio a

---

4. Aunque es totalmente cierto que Dios nos salva para que seamos parte de Su pueblo, hay un sentido en que sería incluso más preciso decir que somos salvos *al* ser añadidos a la iglesia de Cristo, pues por la fe somos unidos a Él y espiritualmente a la iglesia; así somos salvos por gracia. Sin embargo, esto podría prestarse a algunas confusiones que requieren distinguir entre lo que algunos teólogos cristianos han llamado «iglesia visible» e «iglesia invisible».

todas partes, mientras las personas se edifican unas a otras y alaban el nombre de Dios. La Iglesia, a pesar de sus defectos por nuestro pecado, es la familia de redimidos inmersos en la vida trinitaria y social del Dios santo, ya que por medio de Cristo tenemos entrada los unos y los otros ante el Padre como hijos en el Espíritu Santo (Ef. 2:18). Esto está en el corazón del plan de Dios orquestado desde la eternidad y puesto en marcha desde la creación: un pueblo rescatado por gracia que lo adore por siempre al disfrutar de Su comunión y alegría eterna. Por eso Dios se hizo hombre, para comprar a la Iglesia con Su propia sangre (Hech. 20:28). Vuelve a leer la oración anterior si no hizo explotar tu cabeza.

Por esta razón, la iglesia *local* es tan importante. Ella es «es un grupo de cristianos que se reúnen regularmente en el nombre de Cristo para afirmar y supervisar oficialmente la membresía de los demás en Jesucristo y su reino mediante la predicación del evangelio y las ordenanzas del evangelio».[5] Podemos hablar de las iglesias *locales* como expresiones visibles de la Iglesia *universal* que está formada por todos los cristianos en el mundo. Y la Biblia no deja espacio a la creencia de que podemos estar seguros de nuestra profesión de fe y crecer espiritualmente si no somos miembros de una iglesia local fiel a la Biblia y con liderazgo saludable, una asamblea física del pueblo de Dios.[6] Solo perteneciendo a una iglesia local experimentaremos qué significa vivir con propósito conforme al diseño de Dios y abundar en fruto para Él.

---

5. Jonathan Leeman, «What Is a Local Church?», *9Marks*, 22 de agosto, 2014. https://www.9marks.org/article/what-is-a-local-church/.

6. Para conocer más sobre la membresía en la iglesia local, recomiendo el libro de Jonathan Leeman, *La membresía de la iglesia: Cómo el mundo sabe quién representa a Jesús* (9Marks, 2013).

La iglesia local es una embajada de Su reino y el siglo venidero, una comunidad en la que experimentamos un adelanto de la comunión perfecta que los creyentes tendremos por la eternidad. Es la asamblea donde la Palabra es predicada para nuestra edificación, la salvación de los perdidos y la gloria de Dios. Es un puesto de avance de guerra espiritual desde el cual el evangelio llega hasta lo último de la tierra para que otros lo conozcan y sean salvos. Es donde los discípulos somos formados para ser más como Jesús, a medida que nos edificamos unos a otros hablando la verdad en amor (Ef. 4:15-16).

La iglesia local es la comunidad donde los pecadores arrepentidos y que se aferran a Cristo son reconocidos como redimidos, al profesar la fe cuando son bautizados, señalando que han muerto a la vida pasada y ahora viven en Cristo (Rom. 6:4). Y también es la comunidad del pan y del vino, donde los rebeldes perdonados y rescatados siempre hallan un espacio en la mesa para recordar con alegría, de manera palpable en la presencia del Señor, lo que Él hizo por amor a nosotros y Su promesa gloriosa de que volverá (1 Cor. 11:23-26).

RADICALMENTE DIFERENTE

Todo lo dicho hasta ahora sobre la iglesia no es algo que podamos experimentar plenamente con otra comunidad y mucho menos en Internet.

El Espíritu Santo promete morar en los miembros de la iglesia local; no en el engranaje de las megacomputadoras y los servidores web de las grandes empresas tecnológicas. La iglesia se distingue por la presencia de Dios en ella. Su Espíritu nos convence de pecado (Juan 16:8), nos guía a toda verdad al exaltar a Cristo (vv. 13-14), nos sella como

Suyos (Ef. 1:13-14), nos capacita para ser testigos de Dios (Hech. 1:8), nos dirige y da victoria sobre nuestra naturaleza pecaminosa (Rom. 8:1-14), nos une en una sola fe (Ef. 4:2-4). ¡Y hay mucho más que podríamos decir al respecto! La iglesia se caracteriza por vivir de esta forma por el poder del Espíritu.

En el resto del capítulo, te invito a considerar tan solo siete maneras en que la iglesia local y la vida en ella es radicalmente distinta a las redes sociales, por la obra del Espíritu Santo y el diseño de Dios. Necesitamos ver que las cosas que más distinguen a la iglesia son aquellas en que la belleza de Cristo más resplandece para edificación de Su pueblo, la salvación de los perdidos y la gloria de Su nombre. Nuestro corazón necesita que las iglesias sean diferentes a las redes sociales y el mundo también.

1. Una comunidad donde Dios es el centro

La iglesia existe para adorar a Dios (Ef. 1:12). Por eso Pablo nos recuerda: «Hablen entre ustedes con salmos, himnos y cantos espirituales, cantando y alabando con su corazón al Señor. Den siempre gracias por todo, en el nombre de nuestro Señor Jesucristo, a Dios, el Padre» (Ef. 5:19-20). Nuestra adoración en comunidad de este lado de la eternidad es una antesala a lo que haremos los creyentes por los siglos de los siglos.

En una iglesia local conforme a la Biblia, todo se trata sobre Dios porque así es como Dios la diseñó. Él es el verdadero centro de atención. Por eso la adoración con oraciones y cánticos forma parte de nuestras reuniones. Por eso la predicación autoritativa de la Palabra es tan central, pues es la exposición de lo que Dios revela de Sí y de lo que hizo por nosotros. Por eso las ordenanzas, el bautismo y la Cena del Señor, son tan importantes en nuestras reuniones, pues en ellas vemos el evangelio ilustrado de manera palpable y nuestro corazón es alentado de manera especial con la verdad del amor inagotable de nuestro Salvador. Él es lo más importante en la iglesia local fiel, pues todo existe por Él y para Él (Rom. 11:36).

La liturgia de la iglesia local debe tener como fin recordarnos esta verdad y desplazarnos a nosotros del centro, a diferencia de las redes sociales que nos tienen a nosotros en el centro de nuestra experiencia. Las iglesias locales no se deben enfocar en nuestras preferencias, y en esto son radicalmente diferentes a nuestro uso de las redes. En palabras del periodista Peter Ormerod en su respuesta a Zuckerberg:

En el mejor de los casos, las iglesias ofrecen una perspectiva de la vida fundamentalmente opuesta a la cultura que Facebook fomenta y de la que se alimenta.

[Las iglesias] no están organizadas por ningún algoritmo ni se adaptan al usuario final individual. Lejos de eso: un servicio religioso no está hecho para una sola persona: las mismas liturgias han sido entonadas y los mismos cantos cantados por millones de personas en todo el mundo, en muchos casos a lo largo de los siglos. No podemos simplemente pasar por alto las partes que no nos gustan: nos enfrentamos a pasajes bíblicos desconcertantes, misterios impenetrables, verdades desgarradoras. A diferencia de Facebook, una iglesia nos dice que no estamos en el centro del mundo.[7]

7. Peter Ormerod, «Mark Zuckerberg, the Church of Facebook can never be. Here's why», *The Guardian*, 29 de junio, 2017. https://www.theguardian.com /commentisfree/2017/jun/29/mark-zuckerberg-church-facebook-social-network.

Cuando vas a una reunión de la iglesia, no puedes escoger el sermón que vas a escuchar o las canciones que cantarás. No puedes escoger quiénes se sentarán a tu lado, ni las características de estilo y oratoria del predicador para que se parezca más a otros predicadores que pueden agradarte más. Aunque puedes conversar con otros creyentes antes o después de la reunión, no puedes simplemente «mutear» las palabras de otros, del predicador o de quien dirija la reunión. Tampoco puedes pararte y decir tus comentarios en tiempo real sobre el sermón. Estás escuchando una exposición autoritativa (en la medida en que es fiel a la Biblia); no hay espacio para tus opiniones en ese tiempo. El propósito de congregarnos no es escuchar qué piensan otros de nosotros o simplemente expresar lo que queramos, como en las redes sociales, sino profundizar juntos en la verdad y adorar Su nombre.

Necesitamos que se nos recuerde que solo Dios merece estar en el centro de todo, y que solo somos humanos pecadores redimidos por gracia. Por eso en la iglesia somos llamados a morir a nuestras preferencias y a considerar a los demás como más importantes que nosotros mismos (Fil. 2:3-5). Somos llamados a renunciar a la búsqueda egoísta de nuestra propia gloria y vivir con nuestros ojos fijos en el Señor, quien es más valioso que todo lo pasajero en esta vida. Las redes sociales nos empujan al egocentrismo por nuestro pecado; las iglesias bíblicas lo atacan.[8]

---

8. Hablo más sobre mi experiencia en mi artículo: «El peligro de congregarnos online con la iglesia», 2 de febrero, 2021. https://josuebarrios.com/peligro-congregarnos-online-iglesia.

2. Una comunidad de gracia que confronta y recibe

En la iglesia tarde o temprano sale a relucir quiénes somos en verdad. Por eso a veces he deseado en mi corazón que mi iglesia fuera más como las redes sociales, donde la gente dé «me gusta» a lo que digo y no se entrometa tanto en mi vida. Un lugar donde pudiera ocultar con facilidad mi pecado y no tener que lidiar con el de otros hermanos.

Sin embargo, si Dios nos concede estar en una «iglesia» así, eso sería probablemente una señal de juicio, ya que Él es experto en juzgar muchas veces al darnos lo que queremos (comp. Rom. 1:24-31). La iglesia local según la Biblia es una comunidad por medio de la cual Dios puede disciplinarnos cuando estamos en pecado sin arrepentirnos (Mat. 18:15-20). Somos llamados a velar los unos por los otros y confrontarnos cuando es necesario, para que no seamos endurecidos por el pecado. Como han explicado muchos teólogos y pastores, una iglesia que no practica la disciplina bíblica no es saludable ni amorosa.[9]

No siempre es fácil formar parte de una comunidad en la que otros tienen el permiso y la responsabilidad dada por Dios para corregirte y llamarte al arrepentimiento. ¿Será por eso que muchos de nosotros preferimos comprometernos menos con la iglesia, a fin de que otros creyentes no sepan mucho de nuestra vida ni tengan licencia para confrontarnos? Sin embargo, el propósito de toda disciplina en la iglesia, a diferencia de la cultura tóxica de culpa y cancelación en redes sociales, es tu edificación y mayor gozo en el Señor.

Al mismo tiempo, cada creyente en este lado de la gloria es una obra en proceso. Dios nos extiende gracia para que

---

9. Para más sobre esto, recomiendo el libro *La disciplina en la iglesia: Cómo protege la iglesia el nombre de Jesús* (9Marks, 2013), por Jonathan Leeman.

extendamos gracia a nuestro hermano en la fe, mientras Él sigue obrando en nosotros al hacernos más como Su Hijo. La iglesia es una familia en la que podemos confesar nuestros pecados unos a otros (Sant. 5:16). No sentimos necesidad de actuar como personas perfectas porque sabemos que Dios nos amó de tal manera que entregó a Su Hijo por nosotros para perfeccionarnos cada día más (Rom. 8:29). De hecho, reconocer tu pecado es *indispensable* para formar parte de la iglesia (1 Jn. 1:10).

Mientras en redes sociales sentimos que debemos presentar siempre nuestra mejor cara, la iglesia local es radicalmente diferente.[10] No puedes ser miembro de una iglesia local si no admites que aún no eres lo que deberías ser. En la iglesia somos libres para reconocer nuestros pecados y arrepentirnos porque ninguno de nosotros es llamado a pertenecer a ella por sus propios méritos. Así que mientras la iglesia es una comunidad de gracia que confronta, al mismo tiempo es una comunidad de gracia que recibe a pecadores arrepentidos.

Cuando nuestras iglesias viven conforme a esto, son comunidades magnéticas, refrescantes y atractivas, en un mundo lleno de vanidad, culpa, vergüenza, temor y egocentrismo, como se refleja en redes sociales.

---

10. Un punto hecho también por Peter Ormerod en «Mark Zuckerberg, the Church of Facebook can never be». El autor comparte: «En lugar de animarnos a mostrar nuestro mejor lado en todo momento, una iglesia nos obliga a examinarnos a nosotros mismos [...] a enfrentar esas cosas sobre nosotros mismos que nos gustaría fingir que no existen. [...]. [Diversas iglesias] ofrecen diferentes formas de ser, de abrirnos. Mientras tanto, Facebook nos presenta versiones empobrecidas y reducidas de nosotros mismos: la versión que creemos que la mayoría de nuestros amigos creen que somos, mucho mejor para esos "me gusta" y compartidos».

3. Una comunidad llena de personas que no escogeríamos

En la iglesia no puedes escoger a tus hermanos como escoges a las personas que quieres tener como amigos en redes sociales. En palabras del pastor Jay Adams:

Las comunidades digitales son convenientes y personalizables. Se basan en nuestras preferencias y están diseñadas para ser elegidas o no elegidas fácil y rápidamente. ¿No te gusta algo que alguien dijo en tu *feed* de Facebook? Deshazte de ellos. ¿Te molesta el flujo interminable de fotos gratuitas de comida de alguien en tu *feed* de Instagram? Deja de seguirlos. ¿Irritado por las opiniones de alguien en Twitter? Bloquéalo. Todas estas opciones se pueden activar con solo presionar un botón en una fracción de segundo.

Pero las comunidades analógicas son diferentes. Cuando nos presentamos en persona, no es tan fácil dejar de ser amigos, dejar de seguir y bloquear. Porque a pesar de nuestras diferencias e incompatibilidades, aquí estamos. A pesar de nuestras desconexiones y perspectivas a menudo divergentes sobre las cosas, nos hemos reunido y nos hemos comprometido a dar una parte de nuestras vidas y energías a personas en particular en un lugar en particular en un momento en particular. Así son las familias. Nos guste o no, estamos conectados.[11]

Esta característica de la iglesia, de unión familiar en Cristo a pesar de la diversidad, es un logro de la obra de Jesús para la gloria de Dios (Gál. 3:28; Ef. 2:11-22).

11. Jay Y. Kim, *Analog Church*, 106-107.

La grandeza del Señor y Su sabiduría es dada a conocer en esto no solo al mundo (Juan 17:20-21), sino también «a los principados y potestades en los lugares celestiales, conforme al propósito eterno que llevó a cabo en Cristo Jesús nuestro Señor» (Ef. 3:10-11). Cuando el pueblo de Dios es *uno solo* a pesar de la diversidad entre sus miembros, Él es exaltado por encima de las cosas que podrían dividirnos. Así testificamos con nuestra vida que Él vale más que todo lo demás.

4. Una comunidad donde la gracia brilla en medio del quebranto

La iglesia es una familia gozosa donde hay momentos en que nos sentiríamos cómodos compartiendo en Internet, pero también es una familia sufriente donde lloramos con los que lloran (Rom. 12:15). De hecho, la belleza de la gracia de Dios en la iglesia nunca brilla más que cuando nuestra vida atraviesa el valle de sombra y muerte. Es en medio del dolor y la adversidad que más podemos apreciar la bendición de tener la compañía de la iglesia. Ella es la comunidad que Dios puso a tu lado para consolar tu corazón y animarte a perseverar en la prueba.

Estar presente en medio del dolor tiene un efecto de unión que es imposible de replicar por completo digitalmente. Nuestras iglesias deben convertirse en lugares donde las personas puedan apagar las incesantes súplicas del mundo digital para lucir lo mejor de sí mismas, resaltar sus aspectos más destacados, autopromocionarse con fachadas de felicidad y diversión y, en cambio, presentarse con todo su dolor, sabiendo que serán vistas, abrazadas, y amadas.[12]

Cuando sentimos que el dolor golpea nuestra vida, no queremos un simple mensaje de voz en nuestros teléfonos, reacciones con corazones o manos orando en nuestras fotos en redes, o comentarios con *emojis* tristes en nuestras publicaciones. Podemos agradecer esas cosas, pero queremos algo más humano. Queremos algo más real. Necesitamos gente a nuestro lado que nos ayude y fortalezca de la forma correcta: digiriendo nuestra mirada al Señor y no a nosotros mismos o nuestras circunstancias. Es en los momentos que no son dignos de un «me gusta» en redes sociales que la iglesia puede lucir más radiante en nuestra vida para la gloria de Dios.

5. Una comunidad donde tienes un papel único

Elimina tus perfiles en redes sociales y verás que no pasa gran cosa. Puede que alguien te contacte por otro medio porque extrañe ver tus publicaciones, pero la vida en la red social seguirá igual que siempre. Pero vete de tu iglesia, renuncia a la membresía y al servicio en ella, o descuida tus dones y la participación en la vida de la iglesia si eres creyente, y esto tendrá serias consecuencias para ti y tus hermanos. Los cristianos estamos unidos espiritualmente con la iglesia en Cristo, no con las redes sociales.

Aunque hay un sentido real en que ninguno de nosotros es indispensable en la iglesia, pues los propósitos soberanos de Dios siempre se cumplirán, debemos reconocer que

---

12. Jay Y. Kim, *Analog Church*, 117.

todo creyente tiene un papel único que desempeñar en la iglesia. La Biblia lo explica cuando dice que cada miembro de la iglesia es miembro de un cuerpo, el de Cristo, y cada miembro es necesario y cumple una función especial en su edificación (1 Cor. 12:14-27). «Y el ojo no puede decirle a la mano: "No te necesito"; ni tampoco la cabeza a los pies: "No los necesito"» (v. 21). Nuestra unión es tan real, que «si un miembro sufre, todos los miembros sufren con él; y si un miembro es honrado, todos los miembros se regocijan con él» (v. 26).

Por lo tanto, un miembro que descuida su rol en la iglesia no es como un amigo que deja de publicar en un grupo de Facebook o WhatsApp; es más como un pie inmóvil que afecta al cuerpo. Si somos creyentes, Dios nos ha dado no solo talentos naturales, sino también dones espirituales para que sirvamos en la edificación de Su pueblo (1 Cor. 12:4-7). Esto forma parte de vivir en respuesta a la gracia de Dios (Rom. 12:3-8). Como escribió el apóstol Pedro:

> Según cada uno ha recibido un don especial, úselo sirviéndose los unos a los otros como buenos administradores de la multiforme gracia de Dios. El que habla, que hable conforme a las palabras de Dios; el que sirve, que lo haga por la fortaleza que Dios da, para que en todo Dios sea glorificado mediante Jesucristo, a quien pertenecen la gloria y el dominio por los siglos de los siglos. Amén (1 Ped. 4:10-11).

Somos llamados a participar activamente de la vida de la iglesia local. Y como Dios nos hizo nuevas criaturas en Cristo para esto, jamás viviremos con satisfacción y creciendo espiritualmente si dejamos que las redes sociales nos aparten de nuestra familia en la fe. Como escribió el autor de Hebreos: «Consideremos cómo estimularnos unos a otros al amor y a las buenas obras, no dejando de congregarnos, como algunos tienen por costumbre, sino exhortándonos unos a otros, y mucho más al ver que el día se acerca» (Heb. 10:24-25). En mi experiencia, solemos enfatizar la parte de «no dejando de congregarnos» cuando hablamos de este pasaje bíblico. Pero el texto nos llama no solo a reunirnos con la iglesia para ser servidos, sino también congregarnos y vivir en comunidad con otros para servir a los demás. Este texto es un llamado radical a abandonar nuestra relación consumista hacia la iglesia y adoptar una actitud servicial conforme al propósito de Dios para nuestra vida.

6. Una comunidad más efectiva para alcanzar al perdido

Recuerdo cuando los cristianos empezamos a conocer el poder de las redes sociales y muchos creyentes consideramos el potencial de ellas para alcanzar con el evangelio a los perdidos.[13] El argumento es sencillo y podemos parafrasearlo así: «Las redes sociales son una excelente forma de alcanzar a los inconversos porque nos permiten llegar a donde ellos están y captar la atención de ellos en Internet. ¿Puedes imaginar lo que Pablo hubiera podido hacer con ellas? Podemos alcanzar a más personas como nunca, con relativamente poco esfuerzo en comparación a otras formas de evangelismo, gracias a esta tecnología».

---

13. Algunas ideas en esta sección fueron expuestas primero en mi artículo: «Sobre los límites de las redes sociales en el evangelismo», 17 de diciembre, 2019. https://josuebarrios .com/limites-redes-sociales-evangelismo/.

Hay cosas excelentes en esa forma de pensar, especialmente el deseo de dar a conocer a Cristo. Por muchos años, trabajando para ministerios cristianos con fuerte presencia en Internet, yo sostuve el pensamiento parafraseado arriba. Sin embargo, a estas alturas del desarrollo de las redes sociales y nuestra comprensión de ellas, el tiempo demostró que muchos de nosotros fuimos en exceso optimistas. Sí, podemos usar las redes sociales para exaltar a Cristo, pero ellas no son el mejor lugar para evangelizar. Debemos tener cuidado de no subestimar la utilidad de las redes sociales para alcanzar a otros con la verdad, pero también de no sobreestimarlas.

Como mencionamos antes, los algoritmos en las redes buscan dar a cada usuario la clase de contenido que el usuario ya desea o aprobó anteriormente. Por tanto, no deberías esperar que tu publicación evangelística alcance fácilmente a alguien que nunca ha oído el evangelio o no está interesado en el contenido que generas. Incluso si pagas para alcanzar a más gente.

Además, en las redes no tienes garantizada plena libertad de expresión y una plataforma realmente propia para decir todo lo que quieras. Las empresas detrás de las redes sociales tienen agendas en cuanto a política, ideologías y creencias que a menudo van en contra de lo que afirma la Biblia. La censura que experimentamos en ellas puede ser más grande cada día. Si eres creyente y esto no te ha afectado, es probable que en los próximos años lo hará.

Aunque nos quejemos de eso, debemos ser honestos: construir una tarima para predicar a Cristo principalmente en redes sociales es construir sobre terreno prestado. No somos los dueños de esos terrenos, así que no podemos exigirlos. Un día Facebook puede cerrar nuestra página si decide hacerlo porque algunas personas reportaron como ofensivo un estado en el que hablamos del pecado de la homosexualidad o de la realidad del infierno. YouTube puede eliminar nuestros costosos videos sobre cómo Jesús es el único camino al Padre o por qué el aborto es asesinato, si algunas personas lo encuentran «agresivo» y lo reportan.

No digo que no deberíamos hablar de esos temas en redes sociales. ¡Debemos proclamar la verdad en *todo* espacio! Pero luego de aconsejar y servir en plataformas *online* por más de una década, concluyo que esforzarnos *demasiado* por edificar una tarima allí, descuidando otros medios de evangelismo más enfocados en relaciones personales y la influencia de la iglesia local en su contexto inmediato y presencial, puede salirnos más caro de lo que creemos. Puede terminar en un mal manejo de nuestros recursos y dones. No creo que Dios sea honrado cuando destinamos muchas horas y dinero al «ministerio *online*» a *expensas* del servicio en la iglesia, el evangelismo personal diario, el discipulado y las misiones.

En especial cuando consideramos otro factor ya mencionado: la forma en que las redes presentan todo en ellas como si fuera igual de importante (cap. 3). El medio afecta cómo comunicamos y percibimos un mensaje. Las redes sociales, desde un punto de vista humano, no fueron diseñadas para la difusión de verdades eternas e infinitamente serias. Ellas están diseñadas para entretenernos con cosas temporales y dirigir nuestra mirada a otras personas o nosotros mismos. Necesitamos ser cuidadosos con esto. Como explica Alan Noble, «hemos tratado de comunicar el evangelio con herramientas culturales que son usadas para promover preferencias, no verdades trascendentes y exclusivas».[14]

---

14. Noble, *Disruptive Witness*, 122.

Para el mundo que nos mira, puede que la forma en que testificamos de Cristo en Internet no sea muy diferente a cómo se comparten memes allí, cómo expresamos simples gustos personales, hablamos de política o la manera en que algunos *influencers* solo buscan ganar seguidores compartiendo contenido atractivo para cierto público (lo cual para muchos no luce auténtico ni atractivo en realidad). Puede que resulte indistinto de todo el otro contenido pasajero que compartimos en redes sociales para luego olvidarlo por completo.[15] En palabras de Noble:

«[La] iglesia con frecuencia es tentada a mirar la comunicación popular en la cultura e imitarla con un mensaje cristiano. Y mientras imitar los métodos de comunicación en la cultura más amplia a veces puede ser valioso, también puede señalar involuntariamente a los lectores que el cristianismo es solo como estas otras ideas. En vez de la fuerza disruptiva de relevación que el evangelio realmente es, nuestro testimonio lo hace lucir como una preferencia personal [...]. El reto para los cristianos en nuestro tiempo es hablar del evangelio de una manera que inquiete a los oyentes, que transmita la trascendencia de Dios, que provoque contemplación y reflexión, y que revele la crudeza de la realidad».[16]

Ese es un reto para considerar siempre en redes sociales. Hacemos bien en predicar a Cristo allí, y damos gracias a Dios por cómo Él se ha complacido en orquestar y usar las redes

---

15. Ibid, 29-30.
16. Ibid.

para traer un despertar a la sana doctrina en nuestros países.
Sin embargo, las redes sociales no se comparan con la vida de
la iglesia local en su poder para difundir verdades eternas y
alcanzar al perdido.[17]

7. Una comunidad que brillará para siempre

Las personas en este mundo necesitan comunión con Dios.
Y necesitan experimentarla en el contexto de una comunidad
donde Él sea el centro, y a la cual puedan venir tal como
son para ser confrontadas por sus pecados y recibidas en un
amor basado en la verdad eterna. Necesitan una familia con
la que puedan llorar en medio del dolor y ser alentadas con el
mayor consuelo existente. Necesitan un hogar donde puedan
escuchar la Palabra y experimentar los sacramentos, y ver al
evangelio en acción uniendo a personas que, sin la obra de
Dios, no estarían unidas en una misma esperanza. Necesitan
estar en un lugar en el que puedan vivir con gozo sabiendo que
viven para el Salvador, siguiendo Su llamado para nuestra vida.
Y esto solo lo tienen según el diseño de Dios en la comunidad
que permanecerá para siempre.

---

17. Debemos aclarar que las redes sociales son más útiles en el evangelismo persona-persona que en el evangelismo iglesia-persona o ministerio-persona. ¿Por qué? Porque los no creyentes o las personas no interesadas en la fe no suelen seguir a iglesias o ministerios, y los algoritmos actuales en redes los mantienen encerrados en cámaras de eco. En cambio, en el evangelismo persona-persona, podemos usar las redes sociales para buscar tener conversaciones con amigos y contactos, preferiblemente por otros medios que permitan un intercambio más profundo que el que las redes sociales nos permiten tener. Si, por ejemplo, en un hilo de comentarios se abrió un espacio para que puedas hablar de tu fe, es mejor usar la red social para decirle a tu amigo: «¿Sabes qué? Me encantaría que pudiéramos reunirnos o hablar por teléfono para hablar de esto e intercambiar ideas», que continuar la conversación por allí en donde ambos son bombardeados por más notificaciones, ruido y contenido superficial.

El objetivo de Zuckerberg y los hombres, crear un mundo nuevo con paz y unidad, no es alcanzado como el hombre pretendió en Babel y como lo pretende ahora, para su propia gloria y en sus fuerzas. En cambio, es alcanzado por medio de la debilidad y muerte del Hijo de Dios, el Cordero que murió por nosotros para resucitar victorioso y rugir por la eternidad como el León de Judá. Él es aquel que da cumplimiento a los propósitos eternos de Dios, y regresará para limpiar este mundo de toda maldad y renovar todas las cosas, al reclamar a Su novia —la Iglesia—, a la cual compró con Su sangre para vivir junto a ella en una tierra renovada y perfecta.

Llegará el día en que las redes sociales de los seres humanos serán vistas como solo un grano de arena arrastrado por el viento. Pero la Iglesia del Señor brillará por la eternidad, sin las manchas y arrugas que tiene hoy. Dejemos que esto cambie nuestra visión del mundo. Te animo a no buscar en las redes sociales la comunidad real y llena de trascendencia que solo podemos hallar en la iglesia. No subestimemos a la «red social» de Dios. Cristo fue a una cruz para que fuera una realidad. Y el plan de nuestro Señor para nuestras vidas es mejor que cualquier otro: que disfrutemos la bendición de pertenecer a Su pueblo y vivir para Su gloria por siempre.

CONCLUSIÓN

LA PREDICCIÓN CAYÓ como una bomba entre los discípulos tan pronto salió de los labios de Jesús ante ellos. No era lo que estos hombres soñaban que pasaría con el Mesías prometido en la Escritura. Puedo imaginarlos en las siguientes horas murmurando entre ellos a escondidas de Jesús. «¿Será verdad lo que nos dijo? ¿En serio va a sufrir en Jerusalén y morir?». Y mientras este era el tema en el que pensaban, Pedro decidió parar lo que le parecía una locura. Puedo verlo levantándose sus mangas, tomando a Jesús y llevándolo aparte para decirle: «¡No lo permita Dios, Señor! Eso nunca te acontecerá» (Mat. 16:21-22).

«Por supuesto que Jesús va a escucharme», seguro supuso Pedro. «Él es el Mesías sabio y sabe lo que es mejor. Y Él mismo me acaba de llamar bienaventurado por haber confesado ante los discípulos que Él es el Hijo del Dios viviente. Si a alguien va a escuchar, ese seguro voy a ser yo. Esto tiene que detenerse. ¿El Mesías asesinado como un criminal? Eso no es atractivo; eso es patético y humillante». Pero tan pronto como Pedro le dijo a Jesús que Él no debía morir en Jerusalén, el rostro del Maestro cambió hacia Pedro. No era lo que el discípulo esperaba.

«¡Quítate de delante de Mí, Satanás!», le respondió Jesús tal vez con la mirada indignada de un padre creyente que descubre a su hijo favorito consumiendo sustancias estupefacientes, o de una esposa que descubre que su marido es un adúltero. «Me eres piedra de tropiezo», continuó Jesús, «porque no estás pensando en las cosas de Dios, sino en las de los hombres» (Mat. 16:23). Pedro recibió el balde de agua fría y quedó paralizado.

Los demás discípulos estaban allí, acercándose tan pronto escucharon el regaño. «Entonces Jesús dijo a Sus discípulos: "Si alguien quiere venir en pos de Mí, niéguese a sí mismo, tome su cruz y que me siga. Porque el que quiera salvar su vida, la perderá; pero el que pierda su vida por causa de Mí, la hallará. Pues ¿qué provecho obtendrá un hombre si gana el mundo entero, pero pierde su alma? O ¿qué dará un hombre a cambio de su alma?"» (Mat. 16:24-26).

¿APÁRTENSE DE MÍ, REDES SOCIALES?

El problema de Pedro aquí es el nuestro también: solemos ver las cosas como parece que son, y no como Dios dice que son. Incluso cuando hemos confesado con nuestros labios que Jesús es el Hijo de Dios. En la práctica, vemos la cruz y el morir a uno mismo como una desgracia, no como el lugar donde Dios muestra Su gloria. Somos superficiales y vanidosos. Olvidamos rápido que de nada nos sirve ganar el mundo si no tenemos a Dios. Por lo tanto, si hemos de seguir a Jesús en nuestra era digital, tenemos que renunciar a diario a nuestra visión errada de la realidad y adoptar por fe la perspectiva que Dios revela en Su Palabra.

Eso es lo que busqué hacer en las páginas anteriores: entender las redes sociales y nuestro andar en ellas a la luz del evangelio. Aún creo que tengo más preguntas que respuestas, pero sé cómo seguir profundizando en este tema y quiero invitarte a que también lo hagas. Podemos hacerlo al buscar atesorar más a Dios y ser fieles a Su Palabra en nuestra época de pantallas y ruido. Necesitamos hacerlo a medida que las redes sociales fomentan más vanidad y distracción en nosotros.

¿Significa esto que debemos abandonar las redes sociales? No necesariamente. Pero puede que algunos de nosotros sí tengamos que hacerlo; algunos definitivamente, y otros dependiendo de la temporada de su vida en la que estén. Mi consejo es que puedas tomarte al menos un mes fuera de las redes sociales (aquellas que no resulten indispensables para ti por cuestiones de trabajo o estudio) para considerar esto en oración pensando con claridad y sin tanta influencia de ellas.[1] Una de las razones por las que no sabemos cuán atrapantes son las redes sociales es porque la mayoría de nosotros no hemos hecho algo como esto. Irónicamente, esta también es una de las razones por las que no sabemos tampoco cuán innecesarias pueden ser.

Mira este tiempo sin redes sociales como una oportunidad para redescubrir con menos distracciones —o conocer por primera vez— actividades más gratificantes que pasar tiempo en ellas (como la buena lectura, el deporte, el aprendizaje de

---

1. Cal Newport ha hablado con más detalle y desde una perspectiva secular sobre este período fuera de las redes sociales, para evaluar nuestro uso de ellas y usarlas mejor si decidimos volver a usarlas, en: *Digital Minimalism*, 59-80.

un oficio, pasar tiempo en la naturaleza, compartir tiempo de calidad con tu familia, etc.), y sobre todo para buscar más a Dios en intimidad con Él y crecimiento con Su pueblo. Esto te ayudará a pensar más razonablemente sobre cómo volver a las redes sociales si decides hacerlo, al establecer límites que te ayuden a no caer en las trampas que ellas presentan para nuestra espiritualidad.

Te tomes este tiempo o no, puede que Dios nos mueva a la convicción de tener que decir en algún momento algo como «¡Apártate de mí, Instagram! Porque me eres de tropiezo». Debemos estar dispuestos a eso si queremos atesorar a Cristo sobre todo lo demás. Y esto puede ser doloroso para nosotros, como morir a uno mismo. Puede formar parte de renunciar a la búsqueda de nuestra propia gloria para buscar la de Dios.

No tienes que estar desconectado para ser espiritual. No tienes que cerrar tus redes sociales para vivir un cristianismo real, pero ese camino a menudo te llevará a una vida sin demasiados «me gusta» ni seguidores en Internet. Es una vida con mucho gozo, sin duda, pero también de sufrimiento y muerte a nuestro orgullo. Pasar noches aconsejando a un hermano en una crisis, ver a personas abandonar la fe luego de que invertiste mucho en ellas, ser humillado por personas en la universidad que se burlan de tu fe. En esta clase de momentos y muchos más no valen las *selfies*. ¿Estamos dispuestos a abrazar esta vida si es la voluntad de Dios? (1 Ped. 3:17). Puede que esta sea una de las preguntas más cruciales para nuestra generación distraída y narcisista, ya que las redes sociales son tal vez el vehículo más potente que hemos creado hasta ahora para la idolatría.

Paradójicamente, es cuando dejamos de buscar nuestra propia gloria que recibimos gloria en verdad. Ocurrió con Jesús en Su cruz; ocurre con nosotros cuando tomamos la nuestra. Dios dice que los creyentes verdaderos tenemos Su alabanza (Rom. 2:28). «Si alguien ama a Dios, ese es conocido por Él» (1 Cor. 8:3). Somos «linaje escogido» y «real sacerdocio» para Él (1 Ped. 2:9). Y «aún no se ha manifestado lo que habremos de ser. Pero sabemos que cuando Cristo se manifieste, seremos semejantes a Él, porque lo veremos como Él es» (1 Jn. 3:2). Tener esta realidad grabada en nuestra mente es crucial para vivir en este mundo como ciudadanos de otro mundo.

He estado en funerales de personas que vivieron entregadas a Dios, aunque nunca estuvieron en redes sociales ni se entretuvieron con estos medios. Puedo decirte algo: no desperdiciaron su vida. Aunque inadvertidas por la humanidad, trastornaron al mundo que las rodeó. Así que podemos honrar a Dios en nuestro uso de las redes sociales y el mundo necesita que lo hagamos, pero también necesita a personas con una vida más «análoga» que nos recuerde que la tecnología y lo que ella nos ofrece jamás podrá saciar nuestro corazón. Personas que evidencien que la gloria que realmente cuenta es la que solo Dios nos da por gracia. Es la gloria que permanecerá cuando las redes sociales de este mundo hayan quedado en el olvido.

CON LA MIRADA EN JESÚS

En otras palabras, estemos en estas plataformas o no, somos llamados a no dejar que nada socave nuestro interés por el reino de Dios. Somos llamados a cultivar una visión espiritual de la realidad; es decir, una visión bíblica. A fin de cuentas, «el mundo pasa, y también sus pasiones, pero el que hace la voluntad de Dios permanece para siempre» (1 Jn. 2:17).

Llegará el día en que las redes sociales no existirán, pero la gloria de nuestro Señor soberano permanecerá. Tal vez una de las cosas que más nos sorprenderán al final de la historia de este universo, cuando contemplemos a Dios en todo Su esplendor, será el tiempo que perdimos en las redes sociales usándolas de maneras no sabias en vez de vivir para Él.

Para los creyentes, esto significa que *ahora* es el momento para despertar a que el discipulado en el siglo xxi demanda enseñarnos bíblicamente cómo confrontar y destronar en nuestro corazón el ídolo de la superficialidad de nuestra cultura, nuestra obsesión por lo nuevo y atractivo, y que entendamos los peligros de dar nuestro corazón a los baales de Silicon Valley. La misión de la iglesia es más que solo proclamar el evangelio a otros. Incluye enseñar a guardar todo lo que Cristo nos ha mandado (Mat. 28:18-20). Y sabemos cuáles son los mandamientos más grandes: amar a Dios sobre todas las cosas y amar al prójimo como a nosotros mismos (Mat. 22:37-40). Así que el discipulado hoy debe lidiar con cómo obedecer eso en el momento en que vivimos, lleno de saturación tecnológica y redes sociales.

Esto implica no solo que debemos tener un buen entendimiento bíblico de la tecnología para enseñar a otros, sino que también es necesario modelar cómo usar correctamente la tecnología. Por ejemplo, ¿cómo enseñar el valor del silencio, la paciencia y el dominio propio a las personas que discipulamos si a cada rato publicamos en las redes cualquier cosa que pasa por nuestra mente? ¿Cómo enseñar que Cristo satisface la sed de aprobación en nuestro corazón si vivimos buscando la aprobación de otros en Internet? ¿Cómo enseñar que Dios es lo que más merece nuestra atención cuando pasamos más horas en redes sociales de lo que deberíamos?

Te puedo decir que he cometido cientos de errores en la forma en que he usado las redes sociales y eso me impulsó a escribir este libro. Todavía estoy siendo edificado hasta que Cristo vuelva (¡como mi esposa bien puede contarte!). Pero ninguno de mis errores ha hecho que Él me ame menos, y ninguno de los tuyos puede hacer eso por ti ante Dios. Y lo sé gracias al evangelio.

La novela *Historia de dos ciudades,* de Charles Dickens, está ambientada en «el mejor y peor de los tiempos», una época de confusión profunda, pero termina con un rayo de esperanza en medio del caos y egoísmo en los comienzos de la revolución francesa. Culmina con un personaje tomando en secreto el lugar de alguien más en la guillotina, dando su vida para salvar a otras personas. Ante esta escena, una joven costurera que también está a pasos de ser ejecutada, y que observa todo lo que ocurre, se conmueve profundamente y pide ser sostenida de la mano por aquella extraña figura dispuesta al sacrificio, para alcanzar así la fuerza y esperanza necesarias para afrontar su propia hora oscura.

Dickens presenta el amor sacrificial como lo único que puede darnos verdadera esperanza en medio de la oscuridad y los momentos más difíciles. De una manera mucho más grande, el acto de amor radical de Jesús es lo único que realmente nos sostiene en nuestra época de tanto ruido y confusión. Nos cambia, nos consuela por nuestras fallas, nos motiva a vivir con propósito y aun caminar hacia la muerte sin temor de haber desperdiciado nuestra vida, pues Su gracia es abundante. Con la mirada en Él, vivamos en esta era digital con sabiduría, valentía y amor.

Esto parece difícil porque somos pecadores y detrás de las redes sociales hay empresas enormes que invierten cantidades ridículamente grandes de dinero en hacer *apps* que nos lleven a renunciar a nuestra atención y privacidad. Pero Dios prometió estar de nuestro lado hasta el fin del mundo, como también leemos en la Gran Comisión (Mat. 28:19-20). A fin de cuentas, las redes sociales podrán querer nuestro corazón, pero si somos creyentes, tenemos la certeza de que solo Uno fue a la cruz por él, tomó nuestro lugar, y tendrá nuestros corazones para siempre.

PREGUNTAS PARA DISCUSIÓN

ESTAS SON ALGUNAS preguntas sugeridas para iniciar la reflexión individual y conversaciones en grupos pequeños. Puedes acompañar estar preguntas con las prácticas recomendadas en *josuebarrios.com/practicas-recomendadas-redes-sociales*.

Introducción:

- ¿Cuáles son los beneficios y problemas más grandes que el uso de las redes sociales pueden traer a tu vida?
- ¿Estás de acuerdo con lo que la introducción expone sobre la insuficiencia del minimalismo digital? Explica por qué sí o por qué no.
- ¿Por qué crees que a menudo no pensamos en Dios cuando hablamos de las redes sociales o las estamos usando?

Capítulo 1:

- Si no estuvieras en las redes sociales, ¿a qué dedicarías mejor tu atención? Haz una breve lista.
- Argumenta por qué consideras peligrosa (o por qué no) la forma en que las redes sociales buscan nuestra atención.
- En tus propias palabras, ¿cómo describirías la importancia de nuestra atención? ¿Qué piensas sobre lo que la Biblia enseña al respecto?

Capítulo 2:

- De las cinco formas mencionadas en que las redes sociales nos afectan al aprovechar nuestra sed de aprobación, ¿a cuál eres más vulnerable?
- ¿Qué crees que está detrás de esta vulnerabilidad?
- Haz estas mismas preguntas a una persona cercana a ti. ¿Resultó estar de acuerdo contigo sobre la forma en que eres más vulnerable a lo mencionado en este capítulo?
- ¿Cómo sería tu búsqueda de aprobación si tuvieras lo mismo que el apóstol Pablo tuvo?

Capítulo 3:

- ¿Qué te hace subir a la montaña rusa de las redes sociales y por qué? (Ejemplos: debates políticos, teorías de conspiración, farándula, fotos de amigos, etc.).
- ¿Cómo explicarías la forma en que las redes cambian tu manera de ver al mundo?
- ¿Cuál crees que es el efecto más evidente en tu vida de la distracción en las redes sociales?

- ¿Por qué crees que somos tan propensos a la distracción a pesar de sus efectos?

Capítulo 4:

- Argumenta por qué estás de acuerdo (o por qué no) con lo expuesto sobre el secularismo en este capítulo y su influencia en nuestro uso de la tecnología.
- ¿Qué piensas sobre la soberanía de Dios luego de leer este capítulo? Enumera cinco maneras en que esto debería cambiar tu vida.
- ¿Qué crees que diría Dios sobre la forma en que usas las redes sociales y por qué?

Capítulo 5:

- ¿Cómo pensar en la Trinidad cambia nuestra forma de ver a Dios y las redes sociales?
- ¿Cómo explicarías la importancia de deleitarnos en Dios para glorificar Su nombre y reflejar Su gloria? ¿Qué nos dice esto sobre el amor y la suficiencia de Dios?
- En este punto del libro, ¿cómo crees que puedes vivir como un «retuit» de la gloria de Dios en tu uso de las redes sociales?

Capítulo 6:

- ¿Qué es lo que más te incomodó al leer este capítulo sobre el pecado y por qué?
- ¿Cómo dirías que el pecado afecta la forma en que usas las redes sociales?

- ¿Cómo reconocer nuestro pecado según la Biblia debería cambiarnos?
- ¿Por qué la Biblia presenta a Jesús como nuestra única esperanza?

Capítulo 7:

- ¿Cómo resumirías el evangelio según lo visto en este capítulo?
- Si no crees el evangelio, ¿qué te impide hacerlo y por qué? Te invito a orar al respecto y conversar de esto con algún grupo de cristianos.
- ¿Cómo creer el evangelio debería cambiar tu uso de las redes sociales?
- De los efectos mencionados del evangelio en nuestra vida, ¿hay algo que te haya resultado particularmente liberador? ¿Por qué?

Capítulo 8:

- ¿Cuál de los puntos expuestos en este capítulo te retó más y por qué?
- ¿Cuál otro principio bíblico que conozcas añadirías a este capítulo y por qué lo harías?
- En tus propias palabras, ¿por qué según la Biblia es importante depender de una unión con Cristo para conducirnos sabiamente?
- ¿Cómo serían nuestras iglesias y ciudades si más personas usaran las redes sociales de la forma expuesta en este capítulo?

Capítulo 9:

- ¿Por qué crees que por lo general las personas (aun las que son creyentes) leen muy poco la Biblia y oran tan poco?
- ¿Qué piensas acerca de lo que el autor habla sobre la lectura profunda de la Palabra? ¿Cómo crees que eso debería animarte a leer porciones más extensas de la Biblia?
- ¿Cómo resumirías la enseñanza bíblica sobre la oración?
- ¿Qué puedes hacer a partir de ahora para evitar que las redes sociales te distraigan de leer y orar más seguido?

Capítulo 10:

- Si aún no formas parte de una iglesia bíblica, ¿qué te impide hacerlo?
- De las siete maneras expuestas en que la iglesia local y la vida en ella es radicalmente distinta a las redes sociales, ¿cuál crees que es la que más tendemos a menospreciar y por qué? ¿Y cuál es la que más llamó tu atención?
- ¿Has podido experimentar la belleza de formar parte de una iglesia bíblica? ¿Cómo puedes animar a más personas a experimentarla y priorizarla por encima de las redes sociales?

Conclusión

- Luego de leer este libro, ¿qué es lo que más te llamó la atención y por qué?
- ¿Piensas apartarte de las redes sociales por un mes para reflexionar en cuáles de ellas seguir y en cuáles no, como el autor recomienda? Explica tu respuesta.

- Si has decidido continuar en las redes sociales, ¿cómo piensas usarlas a partir de ahora?
- ¿Cómo crees que puedes ayudar a otras personas en tu contexto a entender y usar las redes sociales de maneras más sabias?

AGRADECIMIENTOS

ESTE LIBRO NO EXISTIRÍA sin la gracia de Dios en mi vida, y de manera especial Su gracia mostrada hacia mí por medio de Arianny, mi esposa. Ella es una ayuda incalculable en todo para mí, incluyendo escribir este libro. Es mi editora más implacable y también mi lectora favorita, y la persona que más confía en mí y que Dios usó para traer alegría a mi corazón en los momentos más difíciles y de transiciones que en Su soberanía tuvimos que atravesar juntos durante el desarrollo de este proyecto. Gracias por tanto, mi amada. Todos los que nos conocen saben que eres la mejor parte de este equipo y alabo a Dios por eso.

Quisiera agradecer a Emanuel Betances y a Jairo Namnún por la inversión que han hecho en mí a lo largo de los años y que se puede ver reflejada en este recurso. Oro que el Señor continúe trayendo mucho fruto a su vida y puedan seguir siendo de tanta bendición para la iglesia.

Gracias también a Giancarlo Montemayor y a César Custodio, por la confianza depositada en este proyecto. El trabajo de ustedes es un regalo para el pueblo de Dios en el mundo hispano.

Tampoco puedo dejar de agradecer a Sam Masters por ser una de las personas en animarme a asumir este proyecto, y además por escribir el prólogo. Gracias también a Justin Burkholder, Ana Ávila y Matías Peletay por leer el manuscrito y darme palabras de ánimo y sugerencias valiosas. Agradezco también a Emanuel Elizondo por su edición. ¡Es un gozo tener una amistad editorial contigo a lo largo de varios años y servir al Señor junto a ti!

He sido muy bendecido al contar con el apoyo de mi familia y de incontables hermanos que durante años han estado orando por mí y mi enseñanza sobre este y otros temas, animándome a escribir este libro. En especial, agradezco por nuestros hermanos de la Iglesia Bíblica Bautista Crecer y mis amigos del podcast Bosquejos.